QUE SAIS-JE ?

Les gros mots

CATHERINE ROUAYRENC
Professeur de linguistique française
Université de Toulouse-Le Mirail

Deuxième édition
10e mille

ISBN 2 13 047798 4

Dépôt légal — 1re édition : 1996
2e édition : 1997, juin

108, boulevard Saint-Germain, 75006 Paris

INTRODUCTION

Parler des gros mots est une entreprise quelque peu périlleuse. C'est d'abord venir après P. Guiraud ; c'est ensuite traiter un sujet délicat, non par ce qu'il oblige à aborder, mais par le flou dont est entourée et s'entoure presque nécessairement cette notion. Mais puisque les titres doivent perdurer, continuons à parler des « gros mots ».

Dans l'état actuel de la langue, le *gros mot* – les dictionnaires (*TLF*[1], *Le Robert*[2], *Lexis*[3]) sont unanimes là-dessus – est un « mot grossier ». Même le *Grand Larousse de la langue française*[4], dont pourtant la définition de *gros mot* par « juron, parole grossière » diffère quelque peu, reprend le même adjectif.

Cet adjectif et ce dernier type de définition sont en fait ceux du début du siècle, tels qu'on peut les voir dans le *Larousse universel en deux volumes* de 1922 et dans le *Dictionnaire de l'Académie* de 1935 où le gros mot est associé au juron et à l'insulte. « Gros mot, juron, mot grossier, malséant. Il a dit de gros mots, des gros mots. Il signifie aussi menaces, paroles offensantes », lit-on dans le *Dictionnaire de l'Académie*. Au XIXe siècle, Littré[5] limite le sens de l'expression à celui d'insulte et de juron : « Gros mot, parole offensante ou de querelle. (...) De gros mots, des jurements. »

1. *Trésor de la Langue française (TLF), Dictionnaire de la langue du XXe siècle,* Paris, Klincksieck, 1971-1994, 16 vol.

2. P. Robert, *Le Robert, Dictionnaire alphabétique et analogique de la langue française (GR),* Paris, Société du nouveau Littré, 1970, 6 t.

3. *Larousse de la langue française, Lexis,* Paris, Larousse, 1979.

4. Larousse, *Grand Larousse de la langue française (GLLF),* Paris, Larousse,1971-1978, 7 vol.

5. E. Littré, *Dictionnaire de la langue française,* Paris, Hachette, 1956-1959, 7 vol. (1re éd., 1863-1872).

Toutefois *gros*, dans ce sens, ne semble pas forcément accolé à *mot*, comme le prouvent les vers de La Fontaine cités à l'appui de la première partie de la définition : « Ce que je sais, c'est qu'aux grosses paroles / On en vient sur un rien, plus des trois quarts du temps. »[1] Huguet[2] dans son *Dictionnaire du français du XVIe siècle* ne signale que « grosses paroles » avec le sens de « paroles violentes, injures ».

Au XVIIe, *gros mot* a un sens plus large, comme en témoigne Furetière[3], scrupuleusement copié par le dictionnaire de Trévoux[4], mais le qualificatif employé est « obscène » : « Gros mot est un mot obscène ». Il est à noter que la lexie a également à cette époque un autre sens : « On appelle aussi un gros mot un mot décisif et qui conclut, qui termine une affaire... » D'autre part, *gros mots* a pour équivalent *mots gras,* ainsi défini par Furetière : « Ce sont des mots obscènes qui contiennent quelque impureté, qu'on ne doit point dire en une honnête compagnie, et surtout de femmes : c'est pour cela qu'ils sont retranchés du dictionnaire par le conseil de saint Paul, qui ne veut point qu'on nomme seulement la fornication. Sous ces mots sont contenus les mots ambigus, équivoques, et à double entente qui contiennent un sens obscène. » Cette équivalence de *gros* et de *gras* ne saurait étonner puisque *gros* est issu de *grossus*, qui en latin de basse époque a remplacé *crassus*, d'où est issu *gras*. La lexie *mot gras* a disparu ; l'adjectif subsiste néanmoins avec le même sens et qualifie alors des mots tels que *propos* ou *paroles*. Seul *gros mot* a donc survécu, fonctionnant comme une seule unité lexicale, ce que prouve le pluriel : *des gros mots*, comme dans le cas de

1. La querelle des chiens et des chats, et celle des chats et des souris, *Fables,* livre XII, VIII.

2. E. Huguet, *Dictionnaire du français du XVIe siècle,* Paris, Champion, 1925-1966.

3. A. Furetière, *Dictionnaire universel,* Paris, Le Robert, 1978 (1re éd., 1690).

4. *Dictionnaire universel français et latin,* Paris, 1732 (5 vol.).

noms composés *(des petits pois)*, et non *de gros mots*, comme lorsque le nom est précédé d'un adjectif *(de bons fruits)*. Cette unité lexicale est actualisée, en principe, à l'aide du déterminant article indéfini : *dire un, des gros mot(s)*, ce qui n'a pas toujours été le cas. Littré cite en effet l'expression « dire les gros mots » qui signifie « parler sans révérence et par une antiphrase délicate faire un compliment sous l'apparence contraire », ce qui correspond à la figure appelée « astéisme ».

Le gros mot est-il assimilable à l'injure et/ou au juron, comme l'ont dit bien des dictionnaires ? S'il en était ainsi, ce serait relativement simple. Malheureusement, il est des injures qui ne sont pas des gros mots (par exemple *pintade, panthère rose*), et, inversement, certains des mots considérés comme *gros mots* tels que *branlette*, *pine* ne sont par eux-mêmes ni des jurons, ni des injures. Aussi n'est-il pas étonnant que les dictionnaires contemporains aient une définition moins restrictive du gros mot en le définissant comme un mot grossier. Encore convient-il de savoir ce qu'il faut entendre par là.

Grossier est défini par « Qui offense la pudeur, qui est contraire aux bienséances » dans *Le Petit Robert*[1], qui indique par ailleurs comme synonyme « vulgaire », « trivial » et ce sont là précisément les marques d'usage qui accompagnent les gros mots dans les dictionnaires et non la mention « gros mot ». Nous voilà donc en dehors du linguistique à strictement parler ! Dire qu'un gros mot est un mot qui heurte les bienséances, c'est dire en effet que ce qui est en cause, c'est non tant le signe par lui-même que son emploi. Un gros mot est un mot interdit, un mot à travers l'usage duquel se manifestent les tabous d'une société. La notion de *gros mot* est donc fondamentalement sociale et de ce fait susceptible de variation, variation selon les sociétés, le groupe social, variation dans le temps. C'est pour cela, comme le remarquait fort juste-

1. P. Robert, *Le Petit Robert 1 (PR), Dictionnaire alphabétique et analogique de la langue française,* Paris, Le Robert, 1990.

ment P. Guiraud[1], que le gros mot est certes l'affaire du linguiste puisqu'il est d'abord signe linguistique, mais celle aussi du psychologue et du sociologue, voire de l'anthropologue. En dépit de cela, faute de compétences dans ces divers domaines, je n'envisagerai le gros mot que sous son aspect linguistique.

Quelle qu'en soit la définition, impossible de douter de l'existence de l'objet à définir. Le gros mot existe incontestablement et c'est un phénomène foncièrement oral[2]. Pour se convaincre de son existence, il suffit de voir les réactions qu'il a pu susciter : « Aux gros mots les gros remèdes : à la communale, rue Charles Baudelaire Paris douzième, quand un élève en disait un il était puni. Plus sévèrement que pour avoir bavardé, copié ou été sans soin. Sans parler des lignes, la moindre pine, le moindre merde nous valaient un furieux coup de canne, dans la classe à monsieur Pain [...] », écrit R. Forlani[3] né avant 1930. Ces réactions vives ont subsisté et existent encore, même si elles prennent une autre forme. A preuve, ce principal d'une commune de Bretagne qui, voulant porter remède à la recrudescence des gros mots dans son collège, interdit, par un article de la charte de l'établissement, toute grossièreté verbale[4], ou encore cette remarque : « Celui-là, c'est Lafleur. Il a été condamné pour avoir prononcé un gros mot sur le passage de la voiture du préfet de police. En vérité, il le fait tous les ans pour passer l'hiver au chaud. »[5]

Si le gros mot existe, c'est parce qu'il y a une norme, très fortement intériorisée, plus encore que pour l'argot, car elle concerne des domaines frappés d'interdit, si bien que toute enquête se heurte à des réticences. Que ceux qui

1. P. Guiraud, *Les gros mots,* Paris, PUF, 1975, p. 8.

2. Cf. Barbusse, *Le feu,* Paris, Flammarion, 1965 (1re éd., 1916) chap. XIII : « Les gros mots ».

3. R. Forlani, *Les gros mots,* Paris, Julliard, 1973, p. 28.

4. Cf. *L'Evénement du jeudi,* n° 457, août 1993.

5. C. Godard, *Les missions de l'agent secret E. 1000,* Grenoble, J. Glénat éd., 1974, p. 33.

ont réussi à les vaincre pour m'aider dans ce travail soient donc ici vivement remerciés. Reste à souhaiter que pour le lecteur, le plaisir de l'interdit l'emporte sur la peur de la transgression. Aucun des gros mots cités dans cet ouvrage n'est le produit de l'imagination de l'auteur.

C'est sur la conscience de cette norme, intériorisée dès l'enfance, telle qu'elle transparaît à travers les relevés obtenus de locuteurs d'âges variés, que je me suis fondée. Est gros mot ce que les gens considèrent comme tel, c'est-à-dire tout ce qui relève d'un domaine tabou (religion, sexualité, fonction excrémentielle), et/ou passe pour injurieux.

J'envisagerai d'abord les gros mots en fonction des champs notionnels auxquels ils se rattachent ; après cette étude de type référentiel, j'en ferai une étude sémantique, en les analysant, dans leurs emplois figurés, du point de vue de leurs signifiés. J'en examinerai ensuite les formes et le fonctionnement syntaxique. Je montrerai enfin les diverses facettes de leur emploi.

Chapitre I

DIEU ET LE DIABLE

Les gros mots, mots tabous, concernent trois domaines : la religion, le sexe et tout ce qui touche la fonction excrémentielle, la défécation en particulier.

I. — **Dieu**

Dans la mesure où la religion interdit d'invoquer le nom de Dieu[1], qui ne saurait être nommé, il est évident que tout jurement, de ce fait condamnable et condamné, devient gros mot. *Jésus !*, en revanche, n'est jamais qu'une simple interjection[2], qui peut comporter l'adjectif *doux* : *doux Jésus ! Jésus* peut également être associé à *Marie* : *Jésus Marie ! et à Joseph* : « — Jésus ! Marie ! Joseph ! personne de Cucugnan en purgatoire ! »[3]

On jure, ou on a pu jurer, ou bien par Dieu lui-même : *Dieu !, bon Dieu !, bon Dieu de bon Dieu !, pardieu* ou bien par un attribut divin : *vertu Dieu, merci Dieu, nom de Dieu.* Hérésie supplémentaire, les jurements se font par des attributs physiques accordés à Dieu : *corps de Dieu ! tête de Dieu ! ventre de Dieu ! sang de Dieu !* ou encore *mort de Dieu ! feu de Dieu !*

1. « Tu ne prendras point le nom de l'Éternel ton Dieu en vain ; car l'Éternel ne tiendra point pour innocent celui qui aura pris son nom en vain. » *Bible, Pentateuque,* Exode 20.

2. *Christ,* employé au Canada, y est un sacre tout à fait réprouvé, cf. J. Thibault et D. Vincent, Le sacre en français monréalais : aspects fonctionnels et dynamique expressive, *Le Français moderne,* juillet 1981, n° 3.

3. A. Daudet, Le curé de Cucugnan, *Lettres de mon moulin.*

Mais bon nombre de jurons faisant appel à *Dieu* « ont vécu », comme le déplorait G. Brassens[1]. Il en est ainsi de jurons employés surtout au XVIIe siècle, tels que *ventrebleu* qui date de 1552, *morbleu* et *palsambleu* apparus au XVIIe siècle, ainsi que *corbleu* (tandis que *corbieu* date du XVe siècle), ou encore *vertubleu*, apparu au XVe sous la forme *vertubieu* et encore employé au XVIIIe siècle. D'autres ont eu une vie plus longue, mais sont néanmoins dans les dictionnaires actuels affectés de la marque d'usage « vieux », tel *pardieu* attesté dès le XIIe siècle dans *Le Roman de Renart*[2]. *Jarnidieu* ne figure pas dans *Le Petit Robert* ; *pasquedieu* n'apparaît ni dans le *TLF*, ni dans *Le Robert*. Seuls semblent résister encore, du moins si l'on en croit les dictionnaires[3], *parbleu*, qui date de 1643 et *sacrebleu*[4] de 1745. En fait, les seuls vraiment vivants sont *nom de Dieu* et *bon Dieu*.

Les interjections comportant *dieu* peuvent se présenter sous diverses formes[5].

Dieu peut être employé seul : *Dieu !* ou précédé de *Seigneur* : *Seigneur Dieu !*[6] *Dieu* seul peut aussi s'insérer dans une phrase sans avoir de fonction syntaxique : « Il y a autre chose ! C'est pas Dieu possible ! »[7]

Le plus souvent, *Dieu* est le centre d'un syntagme nominal qui peut être diversement constitué. Celui-ci peut se limiter au déterminant et au nom. Ce déterminant peut être le possessif : *mon Dieu* ou un numéral cardinal dans *vingt dieux, mille dieux* (var. *milédi*). La fonction de déter-

1. G. Brassens, *La ronde des jurons,* 1958.
2. Cf. *TLF.*
3. *Sacrebleu* figure sans marque d'usage dans le *TLF,* dans le *GLLF* et dans *PR* ; le *GR* le dit « familier ». *Parbleu* n'est indiqué comme « vieilli » que par le *TLF.*
4. « Sacrebleu, merde alors », Queneau, *Zazie dans le métro,* Paris, Gallimard, 1959, « Folio », p. 13.
5. Il s'agit certes de morphologie, question dont je traiterai plus loin ; j'en parlerai néanmoins ici, pour des raisons de spécificité et de clarté de l'exposé.
6. « C'est du blé !... Seigneur Dieu !... Du bon blé ! », A. Daudet, Le secret de Maître Cornille, *Lettres de mon moulin.*
7. H. Vincenot, *Le pape des escargots,* Denoël, 1972, « Folio », p. 98.

minant peut être assumée par un nom indiquant un nombre, sans déterminant et suivi de la préposition *de* : « Milliard de dieux, il leur parle ! »[1] Le syntagme nominal peut aussi être réduit au nom accompagné d'un adjectif, lequel peut être antéposé ou postposé. Sont antéposés les adjectifs *bon*, *grand*, *vrai* et *vain*. *Juste* peut être antéposé ou postposé. *Vivant* et (*tout*) *puissant*[2] sont postposés. Un syntagme prépositionnel peut également venir compléter le nom : *Dieu de miséricorde*, *Dieu du ciel*.

Dieu peut aussi n'être (ou n'avoir été) que l'élément secondaire d'un syntagme nominal, introduit ou non par une préposition. Il entre alors dans un syntagme prépositionnel introduit par *de*, modifieur d'un nom qui désigne un attribut de Dieu : *nom de Dieu*, *foi de Dieu*, *bonté de Dieu*, *jour de Dieu* (jurement de Charles VIII), *corps de Dieu*, *cap de Dieu* dont *cadédis*[3] n'est qu'une variante et *cap de dious* la variante régionale gasconne, *tête de Dieu*, *sang de Dieu*, *mort de Dieu*, *feu de Dieu*[4], *tonnerre de Dieu* (*Tron de Dieu*, en Provence).

Putain de Dieu, bien que présentant une structure de même type, appelle évidemment une autre analyse ; *de* en effet n'indique plus l'appartenance, et malgré l'absence de tout déterminant, la structure paraît proche de *ce coquin d'enfant* ou *ce fripon de valet* ; *putain* aurait dans ce cas une valeur d'attribut[5] par rapport à *Dieu* exactement comme dans la chanson de Brassens « P... de toi ! », où « putain de toi » est repris dans le refrain en parallèle avec « pauvre de moi... », qui comporte d'ailleurs un adjectif. *Bordel de Dieu !*, expression dans laquelle *bordel* comme *putain* peut en soi constituer un juron, peut sembler réali-

1. *Ibid.*, p. 43.
2. Cf. *TLF*, entrée *Dieu*.
3. Molière, *Les fourberies de Scapin*, acte III, scène 2.
4. « – Ah ! feu de Dieu ! tu fais la bête, toi », A. Daudet, Le curé de Cucugnan, *Lettres de mon moulin*.
5. Cf. M. Riegel, J.-C. Pellat, R. Rioul, *Grammaire méthodique du français*, Paris, PUF, 1994 : « La construction syntaxique demeure celle d'un nom recteur caractérisant suivi d'un complément nominal caractérisé », p. 188.

ser le syncrétisme des deux emplois de la préposition. En fait, *bordel de Dieu* et *putain de Dieu* peuvent avoir le même emploi, comme en témoigne la phrase suivante : « — Putain de Dieu, ça serait fort de café, bordel de Dieu ! »[1]. Confirme bien la valeur adjectivale prédicative de *putain* son emploi avec toute sorte de noms (ce qui n'est pas le cas de *bordel*) : « — Putain de télévision »[2], « Putain de curé ! putain de maire ! »[3]. Aussi convient-il de différencier d'une part *putain de Dieu* et *bordel de Dieu*, structures figées dans lesquelles *putain* et *bordel* ont la fonction d'adjectifs à valeur prédicative par rapport au nom qui suit et d'autre part des structures telles que *putain de merde* ou *bordel de merde* qui ne sont que la simple addition de deux jurons. *De* permet en effet de former[4] toute sorte de jurons par concaténation : *Nom de dieu de nom de dieu ! putain de bordel de merde !* « Bon Dieu de bordel de bon Dieu ! »[5]

Conformément à l'usage de l'ancien français où le complément déterminatif d'un substantif, quand il désigne une personne, se met au cas-régime sans avoir besoin d'être précédé d'une préposition[6], on a pu avoir également, à l'intérieur d'un syntagme prépositionnel : *par le jour Dieu, par la Paque-Dieu* (jurement de Louis XI), *par la mort Dieu, par la teste Dieu* et d'un syntagme non prépositionnel : *le corps Dieu*[7] ou *corps-Dieu, merci Dieu, mort-Dieu, sang-Dieu, ventre-Dieu,* mais aussi *croix-Dieu !, ventre-Dieu !, gueule-Dieu !*[8] et *pasquedieu*[9], formé à partir de la forme ancienne *pasque* de *pâque(s).*

1. R. Fallet, *Le braconnier de Dieu,* Paris, Denoël, « Folio », 1973, p. 96.
2. D. Pennac, *M. Malaussène,* Paris, Gallimard, 1995, p. 264.
3. A. Blondin, *L'Europe buissonnière,* La Table Ronde, 1953, « Folio », p.109.
4. Cf. *infra,* chap. V.
5. R. Fallet, *op. cit.,* p. 13.
6. Cf. L. Foulet, *Petite syntaxe de l'ancien français,* Paris, Champion, 1958, p. 14.
7. « Le cor Dieu ! », Rabelais, *Gargantua,* chap. XXXIX.
8. Cf. V. Hugo, *Notre-Dame de Paris,* cité dans le *TLF.*
9. V. Hugo, *Notre-Dame de Paris,* livre cinquième, I.

Dieu et les noms qui désignent un attribut de Dieu peuvent, on le voit, être introduits par une préposition : *par le tonnerre de Dieu.* C'est la forme la plus fréquente pour les jurements anciens : *par le cap de Dieu, par le ventre de Dieu, par le sang de Dieu* et c'est à partir de là que s'expliquent les jurons comme *palsambleu,* employé dans les comédies de Molière ou de Musset, qui n'est autre que l'altération euphémique de *par le sang de Dieu,* dont on trouve chez Molière les deux formes atténuées : *par le sang bleu*[1] et *par la sangbleu*[2]. Les variantes *palsangué*[3], *palsanguienne*[4] ne sont pas des déformations euphémiques ; les finales correspondent à des formes régionales de *dieu,* du Centre et du Havre respectivement[5]. A côté de *pardieu* (*par Dieu* dans *Le roman de Renart*) existent *parbleu* et *parbieu,* altérations euphémiques[6]. A partir de *pardieu* s'explique *pardi,* qui a eu pour variantes des formes régionales telles que *pardé* (Touraine), *pardié* (Provence), *pardienne* (Namur), *pardine* et *parguène*[7] (Picardie), et *pargué* en Poitou[8].

C'est à partir d'un syntagme non prépositionnel dans lequel le complément déterminatif est simplement juxtaposé que s'expliquent *mordieu*[9], et ses variantes régionales[10] : *mordienne* (région de Tourcoing), *mordious*

1. Molière, *La princesse d'Elide,* Premier intermède, scène 1.
2. Molière, *Le Misanthrope,* acte II, scène 6.
3. Cf. Molière, *Dom Juan,* acte II, scène 3.
4. « Palsanguienne », *Dom Juan,* acte II, scène 1 ; « palsanguenne », Molière, *Le médecin malgré lui,* acte I, scène 5 ; « parsanguenne », Marivaux, *La surprise de l'amour,* acte I, scène 1.
5. Cf. W. von Wartburg, *Französisches Etymologisches Wörterbuch,* Leipzig, Berlin, 1922... *(FEW).*
6. La forme *bieu* pour *dieu* existait en ancien et moyen français en dehors des formes avec par, cf. *TLF.*
7. « Parguenne », Molière, *Le médecin malgré lui,* acte I, scène 4 ; « parguienne », Marivaux, *La surprise de l'amour,* acte I, scène 6.
8. Cf. *FEW.*
9. « Morguienne », *Dom Juan,* acte II, scène 1 ; « morguenne », Molière, *Le médecin malgré lui,* acte I, scène 4 ; « morguienne, morguié », Marivaux, *La surprise de l'amour,* acte I, scènes 1 et 6.
10. Cf. *FEW.*

(langue d'oc), *morgué*[1] (Mayenne) *morguienne*[2] en Normandie, ainsi que sa variante euphémique *morbleu,* que Molière emploie sous une forme développée : *par la morbleu*[3] ; *cordieu* et *corbleu*[4] ; *ventrebleu* auquel Henri IV avait substitué *ventre Saint-Gris*[5] et *vertubleu,* qui avait au XVIe siècle la forme *vertubieu* et a eu très tôt comme substitut *vertuchou(x)*[6]. Les mêmes altérations s'observent pour *sacredieu, sacredié,* variante régionale (Picardie) et *sacrebleu,* variante euphémique, toutes deux attestées également sous la forme *par la sacredié, par la sacrebleu.* Ce juron, sur l'étymologie duquel les avis divergent[7], attesté au XIVe siècle sous la forme *sacre Dieu,* semble formé à partir du nom *sacre* qui « désignait souvent au Moyen Age la Fête-Dieu »[8]. *Corbleu* a une variante euphémique : *corbieu*[9], écrite antérieurement *corps bieu.* Seul *sacrebleu* présente un type de variante qu'il est seul à avoir : *sacreblotte* et *sacrelot(t)e,* qu'il faut rapprocher de *saprelotte* (1851) et de *saperlotte*[10] (1809), *saperlipopette* (1864), qui sont tous deux synonymes de *sapristi* et des altérations euphémiques de *sacré.*

Il existe donc, comme on le voit, deux procédés qui

1. Molière, *Dom Juan,* acte II, scène 1 (cf. dans cette même scène : « Tétigué », « tétiguienne »).
2. Cf. Molière, *Dom Juan,* acte I, scène 1.
3. Molière, *La Princesse d'Elide,* Premier intermède, scène 2 ; Marivaux, *La surprise de l'amour*, acte II, scène 2.
4. « Par la corbleu », Molière, *Sganarelle,* scène 1.
5. Nom de saint de pure fantaisie, qui correspondrait peut-être à saint François et s'expliquerait alors par une métonymie, les Franciscains étant vêtus de gris.
6. Cf. Marivaux, *Le jeu de l'amour et du hasard,* acte I, scène 1. *Chou* est un substitut métaphorique de *tête* (cf. J. Orr, De l'étymologie des jurons, dans *Essais d'étymologie et de philologie françaises,* Paris, Klincksieck, 1963).
7. Composé de *Dieu* et, selon les uns, de *sacré*, selon les autres *(TLF)*, de *sacre*.
8. O. Bloch et W. von Wartburg, *Dictionnaire étymologique de la langue française*, Paris, PUF, 1964.
9. Rabelais, *Le tiers livre,* chap. VII, cité dans le *TLF.*
10. Cf. *TLF :* « *Saperlotte* présente le phénomène inverse de celui que l'on constate dans les mots du type brebis (ancien français : *berbis*) ou fromage (a. fr. *formage*). »

rendent méconnaissable le nom de Dieu : l'utilisation de formes régionales et les déformations euphémiques proprement dites. Il faut noter que, dans celles-ci, les formes en – *bieu* sont en général plus anciennes que les formes en – *bleu*. *Morbleu* date du XVIIe siècle, *morbieu* du XVe ; *parbleu* du XVIIe, *parbieu* du XVIe. En général un même juron est attesté sous plusieurs formes : la plus ancienne, sous la forme d'un syntagme prépositionnel dans lequel *dieu* en général ne subit aucune déformation, mais ceci n'est pas systématique : le *FEW* indique *par la mort Dieu* et *par la morbieu*. Les deux autres correspondent à une forme abrégée, réduite aux noms, dans laquelle figure *bieu* ou *bleu* : à côté de *corbleu* a existé *corbieu*, même si cette forme est moins bien attestée ; à côté de *morbleu*, *morbieu*. Il semble toutefois que ni *sacrebieu* ni *ventrebieu* n'aient existé.

Parfois, pour ne pas enfreindre le commandement de l'église, on ne se contente pas d'une prudente déformation. *Dieu* est carrément remplacé. Ainsi entend-on comme substitut de *nom de Dieu* : *nom de Zeus !*, *nom d'une pipe !*, *nom d'un chien ! nom d'un petit bonhomme ! nom d'un tonnerre !* ou la réduplication *nom de nom !*. *Tonnerre de Dieu* devient chez les marins *tonnerre de Brest !* En Provence, *Dieu* peut être remplacé : *tron de nom*, mais aussi nié à l'aide de l'adverbe de négation *pas* : *nom de pas Dieu*, *tron de pas dieu*[1] : « C'est pas encore fini, en bas, nom de pas Dieu ? »[2]

Autres solutions : on supprime la première ou la seconde partie du syntagme injurieux, ce qui aboutit dans le premier cas à la forme *De Dieu !*[3], dans le second cas à des formes telles que *tonnerre*, *bon sang*[4], ou encore *crénom* où le terme monosyllabique a été étoffé grâce à *cré*, qui résulte de l'aphérèse de *sacré*.

1. Cf. J.-C. Bouvier et Cl. Martel, *Anthologie des expressions en Provence*, Marseille, Rivages, 1990.
2. J. Giono, *Colline*, Grasset, « Poche », 1929, p. 35.
3. J. Giono, *Le grand troupeau*, 1931, cité dans le *TLF*.
4. Cf. aussi : « Ah, tête, ah, ventre ! », Molière, *Les fourberies de Scapin*, acte II, scène 6.

Sacré, ou *sacre* qui peut en être le dérivé[1], est à la source du juron *sacristi*[2] et de *cristi* par aphérèse. *Sapristi*[3] (*pristi* par aphérèse) n'est qu'une altération de *sacristi.*

Dieu peut enfin faire partie d'une phrase qui constitue une formule imprécatoire. *Dieu* est ainsi sujet dans une phrase de type impératif qui comporte un subjonctif de souhait : *Dieu me damne !* ou *Dieu m'emporte !* Quand l'imprécation concerne une tierce personne, sujet et/ou verbe varie(nt) : *que le tonnerre de Dieu emporte les imbéciles !*[4] (variante : *Qu'il aille au tonnerre de Dieu !*), *Que (le bon) Dieu le patafiole !* Dieu peut aussi être complément d'objet dans la phrase exclamative : *je renie Dieu !,* dont l'emploi comme juron est attesté au XIVe siècle sous la forme : *je regni beu* et à partir de laquelle s'expliquent *jarnidieu, jarnibleu, jernibleu* ou encore *jarnichoux* formes euphémiques, *jarni*[5] et *jerni,* formes tronquées, *jarnigué*[6], forme dialectale employée comme marque de parler paysan[7]. La forme *jarnigoi,* attestée en 1611 et encore employée par A. France[8], s'explique à partir de la formule *je reny goy,* apparue au XVIe siècle, dans laquelle *goy* provient de l'allemand *gott,* *« Dieu »*[9].

Quant à *jarnicoton,* il s'agirait de l'euphémisme que le père Coton, voulant éviter le blasphème à Henri IV dont il était le confesseur, aurait demandé au roi de substituer à *jarnidieu* ![10]

La Vierge ne fait guère l'objet de blasphème. *Jésus*

1. Cf. *TLF* et O. Bloch et W. von Wartburg, *op. cit.*
2. *Sacristie* en 1808 dans D'Hautel, *Dictionnaire du bas langage,* Paris, 1808 (cf. *sacrebleu*)
3. *Sapristie* chez D'Hautel, *ibid.*
4. Zola, *L'œuvre,* 1886, cité dans le *TLF.*
5. Molière, *Dom Juan,* acte II, scène 3 ; Marivaux, *La surprise de l'amour,* acte I, scène 1.
6. « Jerniguienne », « jerniguié », Molière, *Dom Juan,* acte II, scènes 1 et 3.
7. Cf. *FEW.*
8. *M. Bergeret à Paris,* 1901, cité dans le *TLF.*
9. Cf. *FEW.*
10. Cf. *GR.*

Marie[1] constitue une simple interjection. On entend tout de même *Sainte vierge*, *Bonne vierge*[2], mais aussi *pute* et *putain de vierge* !

II. — Le diable

Sacré et maudit sont liés[3]. On jure donc par le diable, comme on jure par Dieu.

Diable donne toutefois matière à moins de variations que *Dieu*. Ce nom peut être employé comme simple interjection, seul ou précédé de *que* : *diable !*, *que diable ! Diable*, précédé des prépositions *de* et *par* et d'un ou plusieurs déterminants, entre dans la constitution de très vieux jurons : *De par le Diable*, *De par tous les diables*[4], considérés maintenant comme vieillis.

Diable, employé après un mot interrogatif qu'il étaie, souligne l'interrogation en l'accompagnant d'une nuance de perplexité : « Que diable peut faire un grand garçon de vingt et un ans à une belle fille de dix-sept ? »[5]

Diable a pu entrer dans des expressions calquées sur celles qui comportent *Dieu* : *nom d'un diable !*[6] ; *Cornes du diable et nombril du Pape !*[7] Correspondant à *bédieu*[8], variante de *bon Dieu*, on a eu *bédiable*.

1. « Jésus-Maria » dans Les trois messes basses, d'A. Daudet *(Lettres de mon moulin)*.

2. *Bonne mère* est un juron marseillais, par référence à Notre-Dame de la Garde de Marseille dite « bonne mère », cf. *TLF*.

3. *Sacer* en latin est un énantiosème et signifie « saint » et « maudit », cf. Freud, Des sens opposés dans les mots primitifs dans *Essais de psychanalyse appliquée*, Paris, Gallimard, 1976 ; Freud, *Totem et tabou*, Paris, Payot, 1965 ; N. Huston, *Dire et interdire*, Paris, Payot, 1980.

4. « De par tous les diables d'enfer », Rabelais, *Le tiers livre*, chap. VIII.

5. A. Dumas, *Le comte de Monte-Cristo*, 1845-1846, Paris, Garnier, p. 22.

6. M. Genevoix, *Raboliot*, 1925, cité dans le *TLF*.

7. T. Gautier, *Le capitaine Fracasse*, 1863, cité dans le *TLF* ; cf. « Corne de Dieu », V. Hugo, *Notre-Dame de Paris*, 1831, livre septième, VI ; « corne-diable ! » dans Courteline, *Messieurs les ronds-de-cuir*, Cinquième tableau II.

8. « – Sang-Dieu ! ventre-Dieu ! bédieu ! corps de Dieu ! nombril de Belzébuth ! nom d'un pape ! corne et tonnerre ! », V. Hugo, *Notre-Dame de Paris*, livre septième, VI.

Diable entrait également dans des formules imprécatoires au subjonctif annoncé ou non par *que* : (*Que*) *Le diable t'* (ou *l')emporte !*[1], *t'* (ou *l')étouffe !*, *te* (ou *le*) *brûle !*, *te* (ou *le*) *patafiole !*[2]. L'imprécation est souvent suivie d'une hypothétique introduite par *si* ; *(que) le diable m'emporte* ou *me brûle si...*[3] sont les formules les plus courantes[4]. La phrase imprécatoire peut aussi ne pas comporter de verbe principal : « – Du diable si je me souviens de ces deux tondus-là ! »[5] Quand la formule imprécatoire comporte le verbe *être*, celui-ci est suivi d'un syntagme prépositionnel : « Le diable soit de l'amitié. »[6]

Diable a un substitut euphémique considéré actuellement comme vieilli : *diantre*, vieille forme normande[7] qui entre dans les mêmes structures : *diantre !*, *que diantre !*, *de par tous les diantres*[8], *envoyer quelqu'un au diantre*[9].

Diantre, tout comme *diable*, a pu renforcer un mot interrogatif : « Qui diantre peut aller là contre ? »[10]

1. *Le diable m'emporte,* jurement de Louis XII.
2. A. Pézenas, *Que le diable te crache au cul !* cf. C. Achard, *Anthologie des expressions du Languedoc,* Marseille, Rivages, 1983.
3. « Diable emporte si... », Molière, *Le médecin malgré lui (passim).*
4. Chez Rabelais « Le diable me faille ! », « Le diable me mange si je ne la mangeroys toute vive » (*Le tiers livre,* chap. XII).
5. H. Vincenot, *op. cit.,* p. 220.
6. A. Daudet, Les vieux, *Lettres de mon moulin,* Paris, Fasquelle, 1866, Poche, 1973, p. 139.
7. Cf. *FEW.*
8. Cf. Molière, *Le médecin malgré lui,* acte III, scène 4.
9. P.-J. Toulet, *Correspondance avec un ami pendant la guerre,* 1920, cité dans le *TLF.*
10. Molière, *L'avare,* acte I, sène V.

Chapitre II

LA SEXUALITÉ

Le sexe est tabou. Rien d'étonnant donc à ce que les termes qui y réfèrent, qu'ils soient spécifiques ou empruntés au français standard, soient suivis de la marque d'usage « vulgaire » quand ils figurent dans les dictionnaires, et par conséquent bannis du bon usage. Ceci, qu'il s'agisse du sexe masculin ou féminin ; *couille*, *parties* et *chatte* sont dans le *Petit Robert* accompagnés de la mention « vulgaire ».

I. — Le sexe de la femme

La seule désignation admise du sexe de la femme est *vulve*, terme technique qui appartient au vocabulaire de la médecine et apparaît évidemment dans tous les dictionnaires. Les autres désignations n'y figurent pas ou n'y figurent, et encore pas toujours, que dans la mesure où elles empruntent un signifiant qui appartient au lexique standard. Ainsi *cramouille* n'apparaît dans aucun dictionnaire, pas même dans le *TLF*, mais *chatte* figure à la fois dans le *TLF* et dans le *Petit Robert*. *Minou* apparaît avec le sens de « sexe de la femme » uniquement dans le *TLF*, mais *minette*, de même sens, ne figure même pas dans ce dictionnaire.

Quand ils entrent dans un dictionnaire général, ces mots sont totalement condamnés par la marque d'usage qui les accompagne : *con* est « trivial » dans le *TLF*, « vulgaire » dans le *Petit Robert* ; *chatte* et *minou* « argotique(s) » dans le *TLF*. C'est en effet dans l'argot que sont rejetés à peu près tous les termes qui désignent le sexe, ce qui permet de ne pas les faire figurer dans les dictionnaires d'usage courant. Pourtant, ils sont nombreux ! Pas question ici, évidemment, de refaire l'inventaire qu'a déjà donné P. Guiraud dans son *Dictionnaire érotique*[1]. Je me contenterai des mots et expressions les plus connus et/ou d'un emploi actuel ou récent.

Il faut remarquer que les dictionnaires d'argot donnent généralement comme signifié à la plupart des termes : « sexe de la femme »[2]. La précision « vulve » n'intervient que très rarement. On peut sans doute donner à ce flou plusieurs explications : un référent qui n'a pas besoin d'être précisé, à savoir les organes génitaux externes ; un sexe dont l'anatomie est moins nette que celle de l'homme et dont, de surcroît, la spécificité est peut-être refusée dans notre société[3] ; le caractère euphémique d'une désignation vague. Le clitoris, lui, a tout de même une place à part[4] puisque certains termes le désignent de manière spécifique.

Le sexe de la femme, de manière globale, est désigné par le vieux mot *con*[5], apparu à la fin du XIIe siècle et issu du latin *cunnus*, de même sens.

Désignant les organes sexuels externes, on trouve également *boutique*, attesté depuis le XVIIe siècle, qui implique une idée d'exhibition et s'explique à la fois par une métaphore et par une métonymie.

Les termes qui désignent la vulve sont surtout *chat*, employé depuis le XVIe, qui tend à être remplacé par le

1. P. Guiraud, *Dictionnaire érotique*, Paris, Payot, 1993, réédition (1re éd. en 1978).

2. J. Cellard et A. Rey, *Dictionnaire du français non conventionnel*, Paris, Hachette, 1980 (rééd., 1991) et surtout J.-P. Colin et J.-P. Mével, *Dictionnaire de l'argot*, Paris, Larousse, 1990, font exception. Ces derniers, selon les termes, indiquent comme signifié : « sexe de la femme (vulve et vagin) *(con)* » ; « organes sexuels *(boutique)* » ; « vulve » *(chatte)* ; « clitoris »,« vulve » *(bonbon)*.

3. Cf. P. Guiraud, 1978, p. 113-114.

4. Toutefois, certains termes *(boutonnière)* désignent pour les uns la vulve, pour d'autres, plus précisément, le clitoris.

5. Ce terme peut désigner la vulve et/ou le vagin.

féminin *chatte* apparu dans ce sens au début du siècle[1] et qui a une variante infixée *chagatte*. *Teuch(e)* en est la forme récente (1988[2]) verlanisée. Il faut voir là en même temps qu'une métaphore à partir de la fourrure de l'animal évoquée par le pubis, l'influence de l'homonyme *chas*[3]. Le synonyme *minou* (1957) est également fréquent ainsi que ses variantes : *minet*, *minette*[4]. *Mistigri* (1982) s'explique par une antonomase, *mistigri* étant d'abord le nom donné familièrement au chat. Quant à *moniche* que certains rapprochent de *minou* en raison de la parenté phonique, il semble que l'étymologie en soit pour le moins incertaine et bien qu'il soit employé par Apollinaire et que J. Cellard[5] y voie un « mot du vocabulaire noble et littéraire », il ne figure ni dans le *TLF*, ni dans *Le Robert*. Sans doute ce mot est-il à mettre en relation avec *mouniche*, de même sens, attesté au début du XIXe siècle. Autre désignation par une métaphore tout à fait voisine : *angora* (1982)[6] déjà attesté au XIXe. *Greffier* et *greffière* (1977) plus fréquent, s'insèrent dans le même paradigme, *greffier* signifiant en argot depuis le début du XIXe « chat ». *Frifri*[7] (1957), habituellement expliqué par la répétition de la syllabe initiale de *frisé*, est une désignation métonymique.

Autre image, source de plusieurs désignations métaphoriques : celle de fente, d'où : *fente* (1912), *fendasse*

1. Cf. J. Cellard et A. Rey, *op. cit.*
2. Les datations sont, on s'en doute, particulièrement difficiles à établir et incertaines. Les dates mises entre parenthèses correspondent à une attestation donnée par un document lexicographique, plus rarement par un texte littéraire. Quand une date correspond à la date d'apparition du mot, cela est explicitement indiqué. Ces indications, sauf exception, en général signalée, sont celles données par les dictionnaires de J.-P. Colin et J.-P. Mével, *Dictionnaire de l'argot*, Paris, Larousse, 1990 et de G. Esnault, *Dictionnaire des argots*, Paris, Larousse, 1965.
3. « Trou percé à l'extrémité aplatie d'une aiguille à coudre par lequel on fait passer le fil » : *TLF*.
4. *Minouche* chez San-Antonio, cf. S. Le Doran, F. Pelloud, Ph. Rosé, *Dictionnaire San-Antonio*, Paris, Fleuve Noir, 1993.
5. J. Cellard et A. Rey, *op. cit.*
6. Défini ainsi dans *Le Petit Robert* (1990) : « Subst. *Un angora*, un chat, un lapin angora ».
7. Surtout employé dans « cache-frifri ».

(1950 environ)[1], mais aussi *craquette* (1877) (chez Céline, également *craque* et *craquouse*[2]), *craque* étant un terme régional qui désigne une fente dans un rocher, et peut-être *cramouille* daté de 1935[3] qui serait un dérivé de *craquette*, influencé par *mouiller* dans son sens sexuel, *boutonnière*, qui date de la fin du XVIIIe et *cicatrice*, daté de 1928.

Quant à la métaphore *millefeuille* (1957), elle semble fondée sur l'idée de structure stratifiée.

D'autres désignations métaphoriques d'emploi habituel sont fondées sur des analogies de forme et empruntent à divers domaines du vocabulaire : domaine végétal tels *figue*[4] ou encore *abricot* qui apparaît au XVIIe dans le syntagme encore vivant *abricot fendu*, *pâquerette* (1977), *bégonia* (1982), *nénuphar* (1982) ; domaine animal, tel que *moule*, qui dans ce sens semble dater seulement du début du XXe.

Le sexe de la femme est également envisagé comme un contenant. Aussi trouve-t-on, objets plus ou moins précieux, plus ou moins vastes : *boîte à ouvrage*[5] et *bénitier* qui figure chez A. Bruant[6].

C'est aussi par métaphore le *lac*. La désignation *Pays-Bas,* qui date du XVIIIe et bien vivante actuellement au Zaïre[7], est plus complexe. Elle se justifie par une première métaphore, *Pays-Bas* étant entendu avec le sens premier de ses composants et par une deuxième métaphore com-

1. Cf. J.-P. Colin et J.-P. Mével ; A. Delvau, *Dictionnaire érotique moderne,* Les Éditions 1900, 1990 (1re éd. en 1864) cite des emplois de *fente* au XVIIe et P. Guiraud, 1978, *op. cit.,* de *fendasse* au XVIe.

2. Cf. *Mort à crédit,* p. 642 et p. 681, Pléiade, Romans I.

3. *Cramouille* est un des rares termes auxquels les dictionnaires (J. Cellard et A. Rey, J.-P. Colin et J.-P. Mével et F. Caradec : *Dictionnaire du français argotique et populaire,* Paris, Larousse, 1977) s'accordent à donner le sens précis de « vulve ».

4. La métaphore est ancienne. On trouve déjà *sukon* « figue » avec ce sens dans *La paix* d'Aristophane (421 av. J.-C.).

5. Cf. A. Simonin, 1973, cité dans Ch. Bernet et P. Rézeau, *Dictionnaire du français parlé*, Paris, Seuil, 1989.

6. A. Bruant, *Dictionnaire français-argot,* Paris, Flammarion, 1901 ; P. Guiraud, 1978, cite un emploi au XVe.

7. Cf. J. Cellard et A. Rey, *op. cit.*

pliquée d'une métonymie, les Pays-Bas étant une plaine alluviale dont l'altitude peut être inférieure au niveau de la mer, donc particulièrement humide.

Foufounette, foufoune, founette (1982) sont des créations expressives hypocoristiques en raison du suffixe diminutif -ette.

Quelques termes désignent plus précisément le clitoris : *clito* (1977), par abréviation ; *clicli (*1957), moins usuel, par abréviation et redoublement de la première syllabe. Par analogie de forme et de couleur, le clitoris est aussi désigné métaphoriquement par *berlingot,* qui est attesté dans ce sens en 1901, mais qui au XVIIe désignait le pénis, *bonbon* apparu en 1983, *framboise* (1977), mais aussi par *bouton,* déjà attesté au XVIe siècle sous la forme *bouton d'amour* et que San-Antonio transforme, influence de la technique, en un peu poétique, mais néanmoins parlant : *bouton d'essorage* ! Ce terme entre dans l'expression métaphorique : *avoir le bouton qui fait robe à queue,* « être excitée sexuellement ».

D'autres dénominations métaphoriques apparaissent de préférence dans des expressions qui signifient l'excitation sexuelle : *avoir la praline en délire* (1953) ; *mettre, avoir le haricot à la portière* (1940 environ). *Haricot* permet de remonter à la dénomination métonymique peu usuelle *soissonnais* ou *soissonnet* datée par G. Esnault[1] de 1928, le *soissonnais* étant le haricot commun, dit de Soissons. *Soissons,* chez A. Bruant (1901)[2], désigne d'ailleurs le clitoris.

Le pubis est désigné par la métaphore *motte* apparue au XIVe siècle, et la toison pubienne par *gazon* (1977) déjà attesté au XVIIe[3], *cresson* daté de 1930, *laitue* (1977), ou encore par la métonymie *barbu* qui date de 1861[4].

Quelques termes paraissent pouvoir désigner plus par-

1. G. Esnault, *op. cit.*
2. *Op. cit.*
3. Cf. P. Guiraud, 1978, *op. cit.*
4. Cf. J. Cellard et A. Rey, qui précisent que *barbe* et *barbichette* étaient usuels au XVIIe pour désigner la toison pubienne.

ticulièrement le vagin[1] tels *baba,* mot apparu en 1905, dont l'origine n'est pas sûre, ou encore *turlu* (1988) qui repose sur une métaphore, le mot s'expliquant probablement par l'apocope de *turlurette* : flûte. On trouve également la dénomination métaphorique *salle des fêtes* (1957).

Quelques autres métaphores sont liées à des expressions indiquant la masturbation féminine : *jouer de la mandoline* (1957) ; *se caresser* ou *se chatouiller l'hibiscus* (1982).

II – Le sexe de l'homme

Le sexe de l'homme est désigné dans son ensemble par quelques termes génériques tels que *attributs* ou *parties*, dénomination elliptique, à partir de *parties honteuses* attesté au XVe siècle. *Morceau,* qui avec ce sens date du XVIIe, désigne un sexe de dimensions notables.

D'autres termes sont nettement métaphoriques : *bijoux de famille* employé depuis la fin du XVIIIe, *service trois pièces* (1953), *marchandise* (1977)[2], *bibelots* (1982). Relèvent d'une métonymie *boutique,* qui désigne aussi les organes sexuels de l'homme dans la mesure où ils sont exhibés, et qui constitue d'abord une métaphore, ainsi que *espace bonbons,* création de 1982[3], qui inclut une métaphore.

En fait, le vocabulaire qui concerne le sexe de l'homme ne comporte pas le même flou que pour la femme et se répartit de façon très nette, ceci pour de simples raisons anatomiques.

1. Les testicules sont désignés le plus souvent par *couilles,* terme apparu au XIIe siècle avec ce sens, à partir du latin *coleus,* « testicule ». *Rouston* et *claouis,* mots beaucoup plus récents, puisqu'ils datent respectivement

1. Cf. J.-P. Colin et J.-P. Mével, *op. cit.*
2. Au XVIe avec le sens de pénis, cf. P. Guiraud, 1978, *op. cit.*
3. Cf. A. Doillon, *Les mots en liberté, Parlers populaires et argots,* Dico-plus, n° 52/53, avril 1992, p. 6.

de 1836 et de 1898, sont également issus de mots de même sens, le premier du languedocien : *roustoun*, le second de l'arabe *klaoui.* Les testicules sont aussi désignés par des termes très généraux comme *choses*[1], ou encore, en raison d'une ellipse, par *la paire.*

La plupart des désignations sont en fait des métaphores. A l'exception d'*orphelines* qui s'explique à partir probablement du roman d'Ennery paru en 1874 intitulé *Les deux orphelines*[2], la plupart de ces métaphores sont fondées sur la forme. On peut ainsi citer, évidemment au pluriel, *rognons* (1888), *rouleaux* (1888), *burettes* apparu en 1890, *prunes* (1864), *pruneaux* (1953), *grelots* (1912), *figues* employé en 1931 par Giono[3], *noisettes* (1960), *noix vomiques* (1960), *olives* (1957), *billes* (1953)[4], *pelotes* (1977), *montgolfières* (1960)[5]. Il faut y ajouter *burnes* daté de la fin du XIXe et issu du rouchi *burne* qui désigne une excroissance sur un arbre, ou encore *roubignoles* ou *robignoles*[6], dont l'origine est incertaine, mais qui a d'abord désigné « une petite boule de liège utilisée au jeu des trois coquilles ».

Moins neutres sont les désignations *roupettes* et *agobilles. Roupettes,* qui date de la fin du XVIIIe siècle, et son dérivé apocopé *roupe* sont probablement issus du mot *roupille,* répandu dialectalement avec le sens de « guenille, loque, chiffon ». Il est intéressant de noter que Delvau[7] signale *guenilles* au sens de « testicules », avec toutefois cette précision : « Les testicules de l'homme que dédaignent les femmes qui ne peuvent plus s'en servir ». *Agobilles,* attesté par G. Esnault[8] et F. Caradec[9], est un terme

1. Cf. la chanson de Brassens, *Hécatombe* (1953).
2. Cf. J.-P. Colin et J.-P. Mével, *op. cit.*
3. *Le grand troupeau,* 1931, cité par le *TLF.*
4. Déjà attesté au XVIe, cf. P. Guiraud, 1978, *op. cit.*
5. *Miches* attesté en 1900 avec le sens de « testicules » est employé acuellement avec le sens de « fesses ».
6. *Rouspignolles* chez Céline : *Voyage au bout de la nuit,* p. 9, Pléiade, Romans I.
7. A. Delvau, *op. cit.*
8. *Op. cit.*
9. *Op. cit.*

du patois messin apparu au XVe avec le sens d'« objets de peu de valeur, chiffons ». *Roustimbales,* mot dans lequel certains voient un dérivé de *rouston* contaminé par *balle*[1], est plus probablement un emploi métaphorique d'un terme dérivé de *roustir* et attesté en 1910 dans un argot d'ouvriers au Havre et signifiant « chose de rien [...], futilité »[2].

D'autres désignations relèvent d'une métonymie : *joyeuses* daté de 1881, *valseuses* de 1905, *douillettes* de 1952 et *précieuses* (1957). *Pendantes* est une désignation métonymique qui date de la fin du XIXe, mais qui est peu usuelle. De *valseuses,* on peut rapprocher la métaphore *breloques* qui figure chez A. Bruant (1901), ou encore *balloches* apparu en 1836, déverbal de *ballocher,* mot picard qui signifie « osciller en pendant ». De ce même radical dérive *bal(l)ustrines,* mot apparu vers 1945.

Quant à *mirontaines,* il s'agit d'une désignation apparue peut-être vers 1930, interprétée comme la reprise probable du dernier élément de la formule *mironton mironton mirontaine*[3].

2. Le pénis, lui, a plus de désignations.

Quelques-unes n'ont pas d'autre signifié. On peut d'abord citer *bite* ou *bitte* et *tébi* (1977), *teube, teubi* (1988) qui en sont les formes verlanisées. Ce mot, qui date du XVIe siècle, s'explique probablement à partir du verbe *abiter,* « toucher à », après croisement de celui-ci avec l'ancien français *habiter* au sens de « avoir commerce charnel avec »[4]. Il faut y ajouter *zeb* (daté de 1888) et *zébi,* issus de l'arabe maghrébin *zebbi* de même sens, ainsi que leurs variantes *zob* et *zobi,* un peu plus récentes, puisque G. Esnault[5] les date de 1894, et le dérivé contemporain

1. Désignation des testicules que l'on trouve au XVIIe siècle, mais qui n'a subsisté que dans *peau de balles.*
2. Cf. G. Esnault, *op. cit.*
3. Cf. J. Cellard et A. Rey, *op. cit.*
4. Cf. *TLF.*
5. *Op. cit.*

zibar, influencé par *nibar(d)* (sein) qui a le même suffixe. Sans doute faut-il voir aussi dans les noms masculins *zifolet*, *zigouflet* et le féminin *zigouflette* attestés en 1982 ou dans *zifoletta* de San-Antonio, des dérivés, assurément plus fantaisistes, de *zeb*[1]. C'est à partir de ces diverses formes que s'expliquent les créations de San-Antonio *zozor* ou *zigougnot*[2]. *Zizi*[3] est une désignation également spécifique, d'origine enfantine à en juger par le redoublement, mais comme le notent J. Cellard et A. Rey[4], *faire la zizette* et *zizotter* sont attestés en 1864 avec le sens de « faire l'amour ». On peut en rapprocher le féminin *guiguite* (1977), mentionné par A. Delvau[5], qui comporte également un redoublement et appartient plutôt au langage enfantin. *Guigui* de même sens est d'ailleurs attesté au XVIIIe. *Quéquette*[6], attesté par H. Bauche[7] en 1920, et ses variantes récentes *quique* ou *quiquette* (1957) semblent s'expliquer à partir d'un radical expressif *kèk* ou *kik*[8]. Quant à *paf*, daté de 1890, son origine est peu sûre, peut-être onomatopéique.

Le féminin *foutoire*, dérivé de *foutre*, usuel au XVIIe, n'est plus que littéraire.

En fait, la plupart des désignations sont des métaphores qui s'insèrent, comme c'est le cas souvent en argot, dans des séries synonymiques. Ce peuvent être des termes généraux tels qu'*outil* apparu dans ce sens au XIIIe siècle, *engin* (1977), ou désignant divers instruments : *goupillon* employé par Th. Gautier, mais apparu au XVIe siècle[9], *balayette*, *darrac* (1977) dont l'origine est

1. Cf. J.-P. Colin et J.-P. Mével, *op. cit.*
2. Cf. A. Doillon, *op. cit.*
3. Cf. *Le zizi,* chanson de P. Perret.
4. *Op. cit.*
5. *Op. cit.*
6. *Cake* dans *tronche de cake,* « imbécile », est une adaptation du provençal (cf. Mistral, *Lou Tresor Dou Felibrige,* Edisud, 1979) *quèco*, *quico*, pénis cf. Ch. Bernet et P. Rézeau, *op. cit.*
7. H. Bauche, *Le langage populaire,* Paris, Payot, 1946 (1re éd. 1920)
8. Cf. *TLF.*
9. Cf. J. Cellard et A. Rey, *op. cit.*

obscure, mais qui a par ailleurs le sens de « marteau » ; des engins divers : *défonceuse,* daté de 1937[1], mais aussi *chibre,* mot spécifiquement argotique, daté de 1836, mais attesté dès 1628 sous la forme *chivre,* sans doute à rapprocher de l'allemand *schieber,* « pousseur » qui désigne aussi le pénis et *chibroque,* variante suffixée employée par San-Antonio[2] ; des armes, notamment : *braquemart* (XVIe)[3], *dard* (1752)[4], *dardillon* daté de 1847, *arbalète* (début XXe), *sabre* (1930 environ), ou bien encore des objets divers rigides : *jacques, jacquot* ou *jacot* (fin du XIXe, *Jacques* désignant d'abord par métonymie le fort bâton des pélerins de Saint-Jacques-de-Compostelle), *trique* qui date de 1940, *tringle (d'acier)* (1953), *gourdin* (1960), *matraque (de malfaiteur)* (1968), *ardillon* (1977). Peut-être faut-il voir dans *trique* l'influence de *trique-madame,* plante dont la feuille ressemble à un phallus[5]. Il est intéressant de remarquer que le vieux mot *vit* qui date du XIIIe siècle est issu du latin *vectis* qui signifie « levier, barre ». Il est probable que la forme *vié (vier, viez)* apparue en 1975[6] a la même étymologie. *Biroute,* qui désignait en rouchi dès 1830 la verge d'un animal, semble se rattacher à des termes régionaux désignant une tarière ou une vrille, ces mêmes termes désignant également le pénis et c'est par métaphore que le mot a pu désigner à partir de 1916 dans l'argot militaire un petit ballon dirigeable et plus tard, une manche à air. On parlait d'ailleurs également de *bite* ou de *couille à Joffre*[7]. On peut encore citer le récent *bézouka,* qui comprend *bazooka*[8].

D'autres dénominations métaphoriques sont justifiées

1. A. Boudard emploie *défonceur* ; cf. *Le café du pauvre,* La Table Ronde, 1983, « Poche », p. 89.
2. Cf. A. Doillon, *op. cit.* p. 31.
3. Cf. J. Cellard et A. Rey, *op. cit.*
4. Cf. J. Cellard et A. Rey, *ibid.*
5. Cf. J. Cellard et A. Rey, *ibid.*
6. Cf. J. Cellard et A. Rey, *ibid.*
7. Cf. J. Cellard et A. Rey, *ibid.*
8. Cf. J. Doillon, *op. cit.*

par la forme : *queue*[1] employé en 1534 chez Rabelais, *pine* vieux mot qui date du XIIIe, issu peut-être du franc-comtois *pine* « flûte d'écorce », *flageolet* (1912)[2], *clarinette* (1960), *quille* bien attesté dès le XVIe, *guise* et sa variante suffixée *guisot* datée de 1930, altération de *guiche*[3] apparu dans ce sens en 1903 et qui n'a survécu qu'avec le sens de « jambe », *asticot* daté de 1847, *panais* (d'abord, plante à racine comestible) daté de 1864[4] et son dérivé *panoche*[5], *poireau* (1883), *betterave sucrière* (San-Antonio), *andouille à col roulé* (1957), *andouille de calcif* (1977), *anguille de calcif* ou *de calebar* (1957), *vipère broussailleuse* (1977), *chipolata* qui date de 1973, *merguez* (1982), *bistouquette* (1966), si l'on rapproche ce mot de *bistoquet* qui désignait un petit bâton cylindrique aux extrémités coniques que les enfants faisaient sauter, *jambe du milieu* (1896), *cigare à moustaches* (1977).

Quelques autres métaphores sont fondées sur des caractéristiques plus particulières : son aspect : *chauve à col roulé* (1977), *chinois* (1954) (le chinois étant traditionnellement représenté chauve), *jean-nu-tête* (1977), *nœud*[6] qui date de 1835 et outre l'aspect évoque la dureté ; ses émissions : *pain au lait* (1957), *robinet (d'amour)* (1977) ; son caractère érectile : *guignol* attesté en 1960. *Brandon* (1977)[7] s'explique par la vieille métaphore du feu du désir.

Quelques termes ont un signifié plus précis. Ainsi le nom féminin *chopotte* désigne un pénis de format exceptionnel, tout comme *matraque de malfaiteur*. *Chopotte*, apparu en 1962 est formé à partir de *chopine* qui, signi-

1. Métaphore déjà utilisée en latin (*coda,* queue) ; cf. J. Cellard et A. Rey, *op. cit.*

2. P. Guiraud, 1978, *op. cit.*, cite un emploi au XVIIe.

3. Cf. G. Esnault, *op. cit.* : *guiche* désigne dans le Nord un « morceau de bois court servant au jeu de bâtonnet ».

4. Cf. J. Cellard et A. Rey, *op. cit.*

5. San-Antonio, *Les cochons sont lâchés,* 1991.

6. G. Esnault explique ce terme par l'ellipse de *nœud d'épée* qui désignait un petit paquet de couenne de lard ; cf. *TLF.*

7. P. Guiraud, 1978, *op. cit.*, cite un emploi au XVIIIe.

fiant oblige, a lui aussi désigné le pénis[1]. *Bonhomme* (1957), par une synecdoque, et *barre à mine* (1980 environ) par une métaphore, désignent le pénis en érection[2].

Certains termes méritent une place à part parce qu'ils ne s'emploient que rarement, voire jamais, isolément. Plusieurs figurent ainsi comme compléments d'objet direct d'*avoir* contribuant à former une locution qui signifie « être en érection ». Là encore se retrouvent des termes ou des synonymes de termes déjà vus dénotant la rigidité : avoir *le bâton*[3], *la gaule* (1880), *le bambou,* expression datée de 1898, *le gourdin* (1910), *la tringle* (1931), *la trique* (1931), *la banane* (1982), *le manche* (1957), *la canne* (1977), *le mandrin* (1977), *la matraque* (1977), *le petit pain* (1982), *le piquet (de tente)* employé par S. Gainsbourg en 1988, ou encore *avoir un porte-manteau dans le pantalon* (1977).

Si l'on excepte *avoir le flageolet à la portière* (1953) qui signifie « être en érection », les désignations par des noms d'instrument de musique entrent dans des expressions qui signifient métaphoriquement « faire une fellation » : *jouer de la clarinette baveuse* (1957), *un air de clarinette baveuse* (1977), *jouer un air de biniou, souffler dans le biniou, jouer de la flûte* et *tailler une flûte* (1953) ou « être l'objet d'une fellation » : *se faire souffler dans le flageolet* (1953).

Certains termes figurés apparaissent ou se retrouvent dans des expressions qui désignent métaphoriquement la masturbation masculine : *se taper (sur) la colonne, s'astiquer, se polir la colonne,* expressions apparues vers 1820[4] ; *s'astiquer la gaule* (1880) ; *faire juter l'os à moëlle* (1907) ; *se polir le chinois* (début du XXe) ; *s'allonger, se griffer le*

1. *Lavette* a désigné un pénis hors de fonction par fatigue ou impuissance, cf. A. Delvau, *op. cit.*

2. Cf. *en bec de cafetière* (en érection) chez Boudard, *L'hôpital* cité par Ch. Bernet et P. Rézeau, *op. cit.*

3. *Bâton*, suivi en général d'un complément *(bâton pastoral, bâton de sucre d'orge),* est une métaphore usuelle depuis le XVe siècle, cf. J. Cellard et A. Rey, *op. cit.*

4. A l'occasion probablement de l'érection de la colonne Vendôme ; cf. J. Cellard et A. Rey, *ibid.*

macaroni (1957) ; *secouer la cartouche* (1982), *étrangler le borgne* employé par le chanteur Renaud en 1983, *se tirer sur l'élastique* apparu en 1989. Il faut remarquer que ces expressions, qui prises globalement sont une désignation métaphorique de l'acte de se masturber, sont constituées de verbes qui, par eux-mêmes, sont soit métaphoriques comme *se polir*, *s'astiquer*, soit métonymiques tels *allonger*, *faire juter*, *tirer sur*, dans la mesure où l'acte est désigné par un de ses effets.

Le pénis est encore désigné métaphoriquement par *asperge* dans l'expression *aller* ou *être aux asperges* (1960) qui signifie « se livrer à la prostitution ».

Certaines expressions figées du français standard acquièrent une valeur métaphorique ; ainsi *taquiner le goujon* (1881), c'est tenter de provoquer l'érection masculine par des caresses buccales ; *moucher la chandelle*, expression qu'emploie Stendhal dans son journal de 1805-1808[1], c'était pratiquer le coïtus interruptus.

Quelques désignations relèvent d'autres figures. C'est par une synecdoque que *gland,* qui désigne en français standard depuis 1538 l'extrémité antérieure de la verge, en vient à désigner en 1880, selon E. Chautard[2], le pénis dans son entier.

D'autres termes s'expliquent par une antonomase, le pénis étant désigné par divers surnoms de valeur hypocoristique comme *Coco* employé par Th. Gautier[3], mais surtout plus récemment (1950 environ) *Popaul*[4], qui s'emploie seul ou dans des locutions comme *emmener Popaul au cirque* (c'est-à-dire pour un homme : coïter) ou encore *étrangler Popaul*, c'est-à-dire « se masturber ». *Charles le Chauve* est une désignation métaphorique plus ancienne (1864), retenue en raison du surnom de Charles II. Ce

1. Cf. *TLF.*
2. E. Chautard, *La vie étrange de l'argot,* Paris, Denoël et Steele, 1931.
3. Cf. J.-P. Colin et J.-P. Mével, *op. cit.*
4. On peut rapprocher de ce surnom les dénominations du pénis : *petit frère* et *petit frangin* (1953).

surnom entre également dans des expressions, elles aussi métaphoriques, désignant la masturbation : *décalotter Charles le Chauve* (1912) et, plus récemment (1953), *faire sauter la cervelle de Charles le Chauve*. Le pénis est aussi *le Père frappard* (1957) ; dans ce cas, le surnom indique explicitement une caractéristique. On peut rapprocher de ces différents surnoms *coquette* (1957) qui s'emploie sans déterminant comme un nom propre (*mettre coquette au chaud,* « coïter ») et de ce fait évoque *Coco* influencé peut-être par *quéquette*[1].

Il faut sans doute voir une métonymie dans le terme apparu dans ce sens en 1883, employé par Céline[2], mais aujourd'hui vieilli : *polard,* qui a une variante plus récente : *poilard* (1921). *Polard* est en effet issu de *se poiler*, se tordre de rire et a d'abord été adjectif avec le sens de « gai ».

Il faut remarquer que certains termes neutralisent l'opposition sexe masculin-sexe féminin ; c'est le cas de *boutique*, de *zizi* (1920) et de *zigouigoui* formation onomatopéique et expressive qui, employée pour désigner la vulve, date de 1946 et, pour désigner le pénis, de 1954.

III – L'acte sexuel

Parler de l'acte sexuel et de ses manifestations est évidemment tabou, et par conséquent source de gros mots.

1. **Les verbes.** — On rencontre d'abord un certain nombre de verbes qui peuvent s'employer intransitivement, avec le sens de « faire l'amour », et/ou transitivement, avec le sens de « posséder sexuellement ».

Rares sont les mots spécifiques. Il y a bien sûr *foutre*, transitif, issu du latin *futuere* : « avoir des rapports avec une femme » et attesté dès le XIIe avec le sens de « posséder

1. Cf. J. Cellard et A. Rey, *op. cit.* Pour J.-P. Colin et J.-P. Mével, il s'agit d'une métaphore, le pénis étant comparable à une femme coquette (diminutif de *coq*) qui « se redresse avec fierté ».
2. Cf. *Mort à crédit,* p. 676, Pléiade, Romans I.

der charnellement ». Il faut citer également *niquer*, qui est très employé, transitif et intransitif, apparu en 1890 en Afrique du Nord et très probablement issu de l'arabe dialectal du Maroc *i-nik* : il fait l'amour ; *calcer* transitif, daté de 1952, et emprunté à l'espagnol *calzarse a una* de même sens, à partir de *calzar,* chausser. On peut voir là également l'influence de *caleçon.*

Plusieurs verbes sont des dérivés. Certains, on peut s'y attendre, sont formés à partir d'un mot qui renvoie à la sexualité ; *culeter*, intransitif, employé par Apollinaire est attesté déjà chez Cl. Marot[1] ; *biter,* transitif, date du milieu du XIXe et figure aussi bien chez A. Delvau[2] que chez A. Bruant[3] ; *chibrer*, transitif, peu usuel, est beaucoup plus récent (1947)[4] ; *verger*, transitif, attesté récemment (1974), peut être formé sur *verge* à moins qu'on n'y voie un emploi métaphorique de *verger* (aujourd'hui disparu) : « jauger avec une verge » ; *trouducuter*, transitif, qui date de 1977. On peut ajouter à ces verbes transitifs *guiser* (1957), dérivé de *guisot*, dont un des sens est « pénis ». *Piner*, transitif ou intransitif, est attesté en 1931 et subsiste sans être usuel.

Quelques autres sont des dérivés de mots divers. *Fourailler*, transitif (1957), est dérivé de *four* et influencé par *fourrer*, « posséder sexuellement » (1953) ; *égoïner*, transitif et intransitif, est un dérivé récent (1960), peu usuel, à partir du nom *égoïne* ; *godiller*, verbe dont l'emploi transitif avec le sens de « posséder sexuellement » est attesté chez Flaubert en 1875 et qui signifie intransitivement « être en érection »[5], est probablement[6] le verbe, dérivé de *godille*, *godiller*, « manœuvrer une embarcation

1. Cf. A. Delvau, *op. cit.*
2. *Ibid.*
3. *Op. cit.*
4. Ce verbe est apparu avec le sens de « soigner (un travail, un vêtement) », cf. G. Esnault, *op. cit.*
5. Sens daté par G. Esnault, *ibid.*, de 1835.
6. On ne peut y voir un dérivé de *goder*, être en érection, jouir sexuellement, ce verbe datant de 1894 ; cf. *TLF.*

avec la godille », *godiller*, suggérant le mouvement et *godille* étant la métaphore du pénis[1].

La plupart des verbes qui désignent l'acte sexuel appartiennent au français standard et sont employés figurément.

On trouve surtout des séries synonymiques, reposant sur quelques métaphores fondamentales.

L'amour apparaît ainsi comme un acte plus ou moins violent à travers plusieurs verbes transitifs tels que : *se faire quelqu'un* tout à fait actuel, mais déjà employé par Zola[2], ou encore *se fabriquer quelqu'un* employé par A. Boudard[3] ; *troncher*[4] ou *se troncher*, attesté depuis la fin du XIXe, variante de *trancher* (« posséder sexuellement ») que Chautard[5] date de 1893 ; *sabrer*, qui repose sur la même figure, mais n'apparaît que vers 1930 ; *tirer*, métaphore ancienne, d'un emploi tout à fait actuel ; *pointer* (1957) ; *torpiller* (1953) ; *artiller* (1960), verbe maintenant disparu, apparu au début du XIIIe avec le sens de « pourvoir d'engins », et, bien que signalé comme « vieux », encore attesté avec ce même sens en 1922[6] ; *flinguer* (1977) que le *Petit Robert* considère comme familier dans son emploi habituel avec le sens de « tirer sur quelqu'un avec une arme à feu » ; *cartonner*, employé par Renaud (1980), qui s'explique à partir de *faire un carton,* c'est-à-dire tirer sur une cible avec une arme ; *encadrer*, attesté chez Céline[7], dont le sens est à mettre en relation avec un autre sens argotique de ce verbe, celui de « heurter violemment » ; *queuter* attesté dans ce sens en 1957, et d'abord terme de billard signifiant « frapper la bille de telle façon qu'elle reste en contact prolongé avec la queue », tout comme *caramboler*, « toucher du même coup deux billes avec la sienne ». Ce verbe est attesté

1. Cf. J.-P. Colin et J.-P. Mével, *op. cit.,* et J. Cellard et A. Rey, *op. cit.*
2. *Nana,* cité dans le *TLF.*
3. A. Boudard, *Le café du pauvre,* 1983, cité par J.-P. Colin et J.-P. Mével.
4. *Loncher* chez San-Antonio ; cf. A. Doillon, *op. cit,* p. 63.
5. E. Chautard, *op. cit.,* 1931.
6. Dans le *Larousse universel* en deux volumes.
7. Dans *Mort à crédit* (1936), cité dans J. Cellard et A. Rey, *op. cit.*

dans son sens sexuel chez Zola en 1877 et *carambolage* employé en 1881 chez Richepin pour désigner un bref coït[1].

L'idée de violence se retrouve dans plusieurs verbes pronominaux transitifs tels que *se cogner*, verbe usuel, qui date du début du XXe, mais dont l'emploi non pronominal avec le même sens est bien antérieur, puisque Delvau[2] le relève au XVIIe chez Tallemant des Réaux ; *se taper* qui date de 1947. Ces deux derniers verbes montrent comment interfèrent les notions de violence et de pénétration ; *cogner* en effet est issu du latin *cuneare* « enfoncer un coin » et *taper* est à mettre en relation avec le mot germanique *tappon*, « bouchon ».

Plusieurs verbes transitifs évoquent en effet l'idée de pénétration, parfois violente : *mettre quelqu'un*, *mettre* dans un emploi érotique datant du XVIIe ; *miser*, moins usuel, attesté en 1895, dérivé du nom *mise*, à l'origine participe passé féminin de *mettre* ; *emmancher* attesté dans ce sens dès le XVIe ; *embrocher*, qui date du XVIIe, mais est plutôt littéraire et qui s'emploie aussi transitivement à la forme pronominale[3] ; *enfiler*, dont on trouve des attestations au XVIe[4] ; *tringler*[5] apparu vers 1930, qui peut aussi être intransitif ; *défoncer*, daté de 1864[6] ; *fouiller* (1960) ; *poinçonner* (1982) ; *bourrer* qui date dans cet emploi du XVe, mais est peu usuel et *bourriquer*, maintenant archaïque, qui en est une variante antérieure à 1850, influencée par *bourrique*, « âne », animal réputé pour sa vigueur sexuelle ; *tromboner* (en raison de la partie coulissante du trombone) attesté depuis 1906 ; le pronominal *se farcir*[7], employé par Céline ; *planter* peu usuel, attesté en 1894 ; *embourber* (1960) ou *s'embourber* (1957). On peut ajouter là le verbe argotique *enquiller* employé par

1. Cf. J.-P. Colin et J.-P. Mével, *op. cit.*
2. *Op. cit.*
3. Cf. A. Boudard, *op. cit.*, p. 46.
4. Cf. P. Guiraud, 1978, *op. cit.*
5. Céline, *Mort à crédit*, p. 1018, Pléiade, Romans I.
6. Cf. J. Cellard et A. Rey, *op. cit.*
7. Céline, *Mort à crédit*, p. 667, Pléiade, Romans I.

Gautier[1], dont le premier sens qui date de 1725 est « entrer dans ».

Quelques verbes qui dénotent un nettoyage ou un décapage soigneux désignent aussi, selon une métaphore ancienne, l'acte sexuel : *ramoner* apparu dans cet emploi dès le XVe siècle ; *brosser* très actuel, qui date probablement de la première moitié du XXe, à partir duquel San-Antonio emploie *brosse* avec le sens d' « amour physique » et *brosse d'Adam* pour désigner le pénis ; *épousseter* apparu peut-être vers 1850 ; *fourbir*, qui implique effort, attesté depuis le XVIIIe ; *limer*[2], qui peut être employé transitivement ou intransitivement et implique lenteur et application, et *râper* beaucoup plus récent (1960).

Quelques métaphores ne sont représentées que par des termes peu nombreux, voire isolés comme *chevaucher*, transitif, qui figure déjà chez Villon[3], mais que l'on peut tout de même rapprocher des métonymies très employées actuellement, *enjamber* et *sauter* ; ou encore *fricoter avec*, attesté chez Zola[4] et le verbe de sens voisin *fricasser*, employé au début du XXe intransitivement ou avec la préposition *avec* pour désigner des relations sexuelles, ces verbes signifiant d'abord respectivement, le premier : « accommoder à feu vif en ragoût », le second « faire cuire dans leur jus à la poêle ou à la casserole, des aliments coupés en morceaux »[5].

L'emploi de certains verbes pour signifier « posséder sexuellement » s'explique par une métonymie. Il en est ainsi de plusieurs verbes, transitifs dans cet emploi, le complément désignant une femme, comme : *baiser* apparu avec ce sens au XIIe ; *culbuter, grimper* et *enjamber* attestés dans ce sens, les premiers en 1640, le dernier au XVIIIe ; *sauter* dans cet emploi semble dater simplement des années 40 et pourtant ce verbe dès 1430, sous la forme

1. Cf. J.-P. Colin et J.-P. Mével, *op. cit.*
2. Utilisé par Sade ; cf. J.-P. Colin et J.-P. Mével, *ibid.*
3. Cf. A. Delvau, *op. cit.*
4. Cf. J.-P. Colin et J.-P. Mével, *op. cit.*
5. *TLF.*

alors de *salter*, signifiait « saillir ». Évoquant un acte rapide, on peut encore citer *trousser,* déjà attesté au XVIIIe, dont l'emploi avec un complément direct désignant une femme peut s'expliquer à partir de *trousser les jupes d'une femme*[1]. On peut encore ajouter, d'un emploi récent, *pieuter* (1952) et *pager* (1968), dont le sens premier est « dormir » et qui sont évidemment intransitifs.

Si les verbes qui signifient « faire l'amour » sont tabous, le sont a fortiori ceux qui désignent la sodomie. Il convient donc de leur faire une place et une place à part, dans la mesure où certains verbes sont employés avec le sens bien précis de « sodomiser ».

Plusieurs verbes de ce sens sont des verbes du français standard employés métaphoriquement. C'est le cas de *miser* et de *pointer* que l'on a dit employés avec le sens de pénétrer sexuellement, mais qui ont plus fréquemment le sens de « sodomiser ». Ils sont ainsi utilisés dans la structure de valeur passive, *se faire miser, pointer. Aléser,* en revanche, terme technique auquel le *TLF* donne pour signifié « façonner avec précision la cavité cylindrique ou conique d'une pièce mécanique en la calibrant et en la polissant à l'aide d'un alésoir ou d'une aléseuse » n'a que le sens de « sodomiser » attesté en 1957. *Caser,* qui ne paraît utilisé qu'avec ce sens attesté en 1957, est, selon J. Cellard et A. Rey, un emploi métaphorique du verbe standard. Pour d'autres, il s'agirait d'un dérivé de « case », le mot remontant selon A. Le Breton[2], « à l'époque du bagne de Saint-Laurent-du-Maroni où les forçats étaient groupés par cases. » Il renverrait donc aux pratiques sexuelles des bagnards.

Les autres verbes sont formés à partir de noms du français non standard, comme *dauf(f)er* daté de 1890, dérivé de *daufe* qui a d'abord désigné une pince à effraction (1790), puis le pénis (1835)[3]. La plupart des dérivés sont

1. Cf. *GR*.
2. A. Le Breton, *L'argot chez les vrais de vrai,* Paris, Presses de la Cité, 1960.
3. Cf. G. Esnault, *op. cit.*

constitués à partir d'un terme qui désigne le pénis ou un organe sexuel. S'expliquent ainsi *enculer* daté de 1734, *emproser* daté de 1836, formé à partir de *prois*, « postérieur » (XIIIe), *englander* attesté en 1936, mais sans doute antérieur[1], *emmancher* (1953), *empaffer* (1957). *Endauffer* (*endoffer*, 1957) est formé à partir de *daufer*. Il faut ajouter à ces verbes *enviander* (1890), formé sur *viande*, *entuber*, attesté en 1975 et sans doute antérieur, sur *tube* et *empapaouter (empapahouter)* attesté en 1924, dont la formation n'est pas claire. *Encaldosser*, qui est apparu en 1885 avec le sens de « saisir par derrière », est constitué d'un verbe régional *encaler*, « enjamber » et du verbe *endosser*. De ce verbe dérive *encaldossade*[2].

Il convient d'ajouter là les verbes qui désignent l'action de (se) masturber. Certains reposent sur une métaphore : *(s')astiquer* attesté au XIXe et employé par Céline[3], *se griffer* (1960), *se limer* (contemporain) ; d'autres sur une métonymie : *(se) branler*, verbe déjà courant au XVIIIe[4], *se branlocher* (probablement vers 1930), (*se) branlotter* (XVIIIe), *se pogner* (1935) dérivé de *pogne* « main », *se palucher* (1947) dérivé de *paluche* resuffixation de *palette*, « main ». *Se toucher* (1881), *se tripoter* (1977), se *fréquenter* (1953) sont des métonymies euphémiques. Quant à *(se) pignoler* apparu au milieu du XXe, c'est un dérivé de *pignole* qui n'a d'autre sens que celui de « masturbation » (masculine). Le verbe le plus employé *se branler,* déjà attesté au XVIIe, s'applique aussi bien à la masturbation masculine que féminine.

2. **Les locutions verbales**[5]. — Certaines locutions désignant l'acte sexuel s'expliquent par une métaphore fondée sur l'idée de violence comme *tirer un (son) coup*, expres-

1. Cf. J.-P. Colin et J.-P. Mével, *op. cit.*
2. Cf. A. Boudard, *op. cit.*, p. 45.
3. *Mort à crédit,* p. 667, Pléiade, Romans I.
4. Cf. J. Cellard et A. Rey, *op. cit.*
5. Je ne distinguerai pas ici verbes composés et locutions verbales ; cf. sur cette distinction, chap. V, 1. D.

sion apparue en 1830, usuelle après 1850[1], *filer le coup de guisot* (1957), *filer un coup de baguette à quelqu'un* (1977).

D'autres expressions métaphoriques sont fondées sur l'idée de nettoyage ou de pénétration : *ramoner la cheminée d'une femme* attestée en 1878 et encore employée, *mettre le poisson dans le bocal* (1977) ; *mettre une brioche au chaud* (1982) ; *tremper son biscuit* (1957)[2], *jouer au bilboquet* (1986). Certaines expressions sont en quelque sorte doublement métaphoriques, dans la mesure où elles incluent une métaphore, laquelle désigne le pénis. Il en est ainsi de *dégraisser son panais* (1953), *dérouiller son panais, son petit frère* (1957), *tremper son panais (panet)* (1960), *tremper son petit frère, tremper sa nouille*[3], *se baguer le nœud* (1953), ou encore *mener le petit au cirque* (1960). Dans les variantes *mener Prosper au cirque* ou *emmener Popaul au cirque*[4], la métaphore inclut non plus une métaphore, mais une antonomase. Dans *danser sur le baquet* (1975), le *baquet* est une vieille désignation métaphorique (XVIe) du sexe de la femme.

D'autres expressions désignent l'acte sexuel par métonymie. Quelques-unes comportent une désignation implicite du pénis par un pronom : *l'introduire à, le mettre ou la mettre à quelqu'un*, expressions employées depuis le XVIIe siècle, *la mettre au chaud* (1975), *en glisser une (petite) paire*, expression contemporaine.

Quelques autres expressions sont formées d'*aller* suivi d'un complément : *aller au cul*[5], *aller à la cacasse* (1960) qui en est l'équivalent, mais appartiendrait à l'argot des dockers dieppois[6], *aller au radada, aller chez Crampmann*, expressions attestées chez A. Bruant[7]. Il faut rapprocher cette dernière expression de *tirer sa crampe* (1878) et de sa

1. *Faire le coup* est déjà employé au XVIe siècle dans ce sens ; cf. J. Cellard et A. Rey, *op. cit.*
2. E. Chautard signale *tremper son pinceau* (1896) et *tremper* (1897).
3. Berroyer, *Je vieillis bien,* Paris, Le serpent à plumes, 1995, p. 30.
4. *Aller au cirque* (1975) est employé par les homosexuels.
5. Céline, *Mort à crédit,* cité dans J.-P. Colin et J.-P. Mével.
6. Cf. J.-P. Colin et J.-P. Mével, *op. cit.*
7. *Op. cit.*

variante plus récente (1935 environ), *tirer sa crampette* formées sur le modèle de *tirer son coup*, mais dans lesquelles *tirer* prend un autre signifié, étant donné que *crampe* signifie « érection » comme *crampe d'amour* attesté antérieurement (1747). On peut encore citer *se mettre une femme sur le bout,* expression qui, bien qu'elle utilise un terme ancien attesté dès le XVIe et réattesté au XIXe, n'est pas antérieure à 1930[1], *passer sur (le ventre d')une femme,* attesté dans le *Journal* des Goncourt en 1894, *semer sa graine* (1958), *s'envoyer en l'air* (1953). *Faire une politesse à une femme,* attesté au début du siècle, peut être interprété, selon le point de vue, comme une métonymie ou un euphémisme.

Il est remarquable et significatif qu'à peu près tous les termes ou expressions qui désignent l'acte sexuel le désignent du point de vue de l'homme. Quelques-uns, toutefois, sont neutralisés et peuvent être employés s'agissant d'un homme ou d'une femme, par exemple : *s'envoyer, se farcir, se faire. Baiser*, lorsqu'il est intransitif, peut avoir pour sujet un homme ou une femme ; mais, lorsqu'il est transitif, le sujet ne peut être qu'un homme ! Le plaisir, en revanche, n'a pas de sexe et *prendre son pied* (1928)[2] peut avoir pour sujet aussi bien un homme qu'une femme. De même, *bander*, verbe le plus courant pour dire « être en érection », ou encore *godiller* s'emploient aussi bien pour une femme que pour un homme.

Le point de vue de la femme peut certes être envisagé, mais à partir de l'homme, à travers la structure de valeur passive : *se faire... : se faire mettre, se faire ramoner* ou encore dans l'expression apparue en 1906 dans l'argot des prostituées, qui exprime au mieux la passivité, *passer à la casserole*[3]. On ne peut guère citer que *laisser le chat aller*

1. Cf. J. Cellard et A. Rey, *op. cit.*
2. Expression qui s'explique à partir de *pied*, part de butin ; cf. *TLF*.
3. On aura remarqué la relation établie par le lexique entre acte sexuel et alimentation *(fricoter, fricasser, se taper la cloche/une femme)* ; cf. A. Breton, *Les vases communicants,* Paris, Gallimard, 1955, p. 40 : « Sexuellement on sait que la table mise symbolise la femme. »

au fromage (1640) et *faire la planche,* expression récente, qui envisagent la chose sous l'angle strictement féminin.

C'est le couple qui est pris en compte par les métaphores : *faire la bête à deux dos*, expression employée par Rabelais[1], parfois encore évoquée[2] et *se mélanger,* apparu vers 1920.

Certaines expressions sont plus spécifiques comme *voir* ou *regarder la feuille à l'envers*, expression métonymique apparue avant la fin du XVIIIe[3] qui signifie « faire l'amour dans un cadre champêtre ». *Remettre ça*, attesté actuellement, doit être interprété comme une métaphore dans la mesure où l'expression semble apparaître en 1912 avec le sens de « servir à nouveau une consommation »[4].

3. **Les noms.** — En regard du nombre des verbes ou expressions qui indiquent l'acte, le nombre des substantifs évoquant la « chose » est réduit. En outre, la plupart des termes sont des dérivés de verbes désignant l'action de coïter, ou de noms désignant le pénis. C'est le cas de *baise*[5] apparu à la fin du XIXe et très employé depuis 1950 et de *nique* (1972), déverbaux respectivement de *baiser* et de *niquer*. *Tringlette* (1960) est dérivé de *tringle*, *troussée* (1968) de *trousser, chibrade* (1983)[6] de *chibrer*.

Pétée (1900 environ) est à mettre à part. Le terme, dérivé impropre du participe passé de *péter* qui n'a pas d'emploi sexuel, relève d'une métonymie ; une *pétée*, c'est d'abord une éjaculation[7]. La désignation métaphorique *pousse-café* (vers 1778) désigne un coït post-prandial, mais le terme est moins usuel que *café du pauvre* (1970).

1. Rabelais, *Gargantua*, chap. III.
2. Cf. Brassens, *Le moyenâgeux.*
3. Employée par H. Bazin (1948), cité dans le *TLF.*
4. Cf. G. Esnault, *op. cit.*
5. Les dérivés *baisade*, attesté en 1850 chez Flaubert, et *baisage*, plus récent, sont moins répandus.
6. A. Boudard, *op. cit.*, p. 43.
7. Cf. avec ce même sens : *giclée* (1977).

Plus que par des mots isolés, le coït est en effet désigné par un certain nombre de lexies dans lesquelles on retrouve bien évidemment la notion de coup déjà vue à propos des désignations du pénis et par conséquent le même type de métaphores : *coup de queue, coup de sabre* (1930), *de guiseau* (1953), *coup d'arbalète* (1960). Il convient de noter que les noms compléments *sabre* et *arbalète*, qui sont une désignation métaphorique du sexe et relèvent du sémantisme déjà vu (le sexe masculin est une arme), ne s'emploient guère isolément hors de la lexie. Dans le cas de *coup de traversin* et *coup de tromblon* (1953), *traversin* et *tromblon* ne sont même nulle part attestés avec le sens de « pénis ». Est à rapprocher de ces termes *zizi-pan-pan* (1864) composé de *zizi* et de l'onomatopée enfantine qui désigne la fessée.

Seule la métaphore isolée, *le café du pauvre,* qui a donné à A. Boudard le titre d'un de ses romans, présente l'acte sexuel comme un plaisir, mais un plaisir au rabais !

Les autres expressions relèvent d'une métonymie : *partie de jambes en l'air* employé par Sartre[1], *de jambonneaux* (1982), *de jambons* (1990), *de traversin, de trou du cul.* Si *trou du cul, jambons* et *jambonneaux* peuvent être employés isolément, *jambe en l'air*[2] et *traversin* n'apparaissent qu'à l'intérieur de la lexie.

J'ajouterai là quelques noms désignant la masturbation : *branlage*, qui au début du XXe a pris la place de *branlade* bien attesté aux XVIIIe et XIXe[3], *branlée*[4], et surtout actuellement *branlette* qui désigne la masturbation masculine ou féminine, tous dérivés de *(se) branler* ; *secouette* (1977), dérivé de *secouer* employé dans des expressions vieillies : (se) *secouer le petit homme, le bonhomme* ou *se la secouer* qui signifiaient « se masturber », s'agissant d'un homme ; *pignole* (1940), calque probable-

1. *La mort dans l'âme,* 1949, cité dans le *TLF.*
2. A existé avec le sens de « potence ».
3. Cf. J. Cellard et A. Rey, *op. cit.*
4. Céline, *Mort à crédit,* p. 734, Pléiade, Romans I.

ment du provençal *pinhol*, amande de la pomme de pin, avec jeu sur pine[1], et *ramollo(t)* (1977)[2], qui désignent la masturbation masculine.

IV. — Le sperme

Il est intéressant de voir que le sperme lui-même a peu de désignations. C'est bien sûr le *foutre*, mot qui résulte de la substantivation ancienne (XVIe siècle) du verbe *foutre*. En outre, jusqu'à la fin du XVIIe le substantif désigne le plus souvent l'action de *foutre*. L'autre terme courant, d'emploi récent, est le nom masculin *jute* (1977), déverbal de *juter*, qui par métaphore signifie « éjaculer ». On peut encore citer la métonymie avec dérivation impropre *blanc*, apparue en 1920 dans l'argot des prostituées et les métaphores : *crème* déjà attesté au XVIIIe[3], *sirop de corps d'homme* ou *de paf rose* (1953). Ce petit nombre de termes prouve que c'est l'acte qui est considéré comme premier.

Pour cette raison, c'est dans les expressions qui signifient « éjaculer » qu'apparaissent plusieurs autres désignations métaphoriques du sperme : *filer* (1953) ou *lâcher son venin* (1977), mais aussi *envoyer* ou *balancer la fumée* (1912), *envoyer, balancer la purée* (1953), *balancer la sauce* (1977), *remettre la sauce*[4] (1983). Fait notable, mais attendu : *envoyer, balancer la fumée* ; *balancer la sauce, la purée* signifient « tirer des coups de feu ».

V. — L'homosexuel(le) et la prostituée

Il faut ajouter à tous ces termes, gros mots parce qu'ils relèvent d'un domaine tabou, un certain nombre de termes très employés comme injures et qui puisent au domaine de l'homosexualité et de la prostitution.

1. Cf. J.-P. Colin et Mével, *op. cit.*
2. Resuffixation populaire de *ramolli*, à partir du nom du colonel Ramollot, personnage de militaire borné inventé en 1883 par un humoriste ; cf. J.-P. Colin et J.-P. Mével, *ibid.*
3. Cf. P. Guiraud, 1978, *op. cit.*
4. *Sauce* peut aussi être employé seul : cf. Céline, *Mort à crédit*, p. 682, Romans I. Au XVIIe, *sauce d'amour*.

Dénotant l'homosexualité masculine, on a *pédale* (1935). *Pédale,* altération de *pédéraste* et combinaison d'une métaphore et d'une métonymie (courber le dos sur les pédales), désigne aussi, depuis la même date, l'homosexuel, pour lequel les termes ne manquent pas. On dispose en effet de *pédé* (1836) et *homo* (1973) qui résultent de l'apocope de *pédéraste* et de *homosexuel ;* de *pédoque (pédoc),* daté de 1919, resuffixation de *pédé ;* de *fiotte* (1879), contraction du franc-comtois *fillote,* « petite fille » ; de *lope* et *lopette,* datés de 1889, qui s'expliquent à partir du largonji *lopaille* de *copaille* (issu de *copain),* terme qui en 1883 désignait dans l'argot des voyous un pédéraste passif ; de *enfoiré* (1905)[1], participe substantivé de *enfoirer,* « souiller d'excréments ». *Enculeur,* daté de 1790 et dérivé de *enculer,* désigne l'homosexuel actif. En revanche, *enculé* (vers 1860) désigne un homosexuel passif, tout comme *tante* daté de 1834 et son dérivé *tantouse* (1899) ou *tantouze* (1954), désignation par un nom féminin d'individus qu'on refuse de considérer comme des hommes ou encore *tapette,* qui à l'origine en 1859 désignait une prostituée, *taper* signifiant « aborder »[2].

L'homosexuelle est désignée par *gouine* et ses dérivés *gougnotte* (1858) et *gouinasse,* attesté chez San-Antonio. *Gouine,* d'abord féminin de *gouin*[3], « salaud » (du XVe au XVIIe siècle), a désigné à partir de 1625 une femme de mauvaise vie, une prostituée. C'est avant 1867 que le terme prend le sens de « homosexuelle »[4].

La prostitution alimente aussi le domaine des injures par des noms tels que : *pute* et *putain* qui datent du XIIe, *pute* étant le féminin substantivé de l'adjectif *put* « puant » issu de *putidus* « puant », « pourri » et *putain*[5], le cas

1. Cf. E. Chautard, *op. cit.*

2. Cf. également *tapiner,* « racoler ».

3. A partir de l'hébreu *goyim,* pluriel de *goy,* « non juif », « chrétien ».

4. Cf. *TLF.*

5. Le mot a la forme *putaine* chez R. Confiant, *Ravines du devant-jour,* Paris, Gallimard, 1993, p. 197. *Putain* est adjectif chez Céline dans *Mort à crédit,* p. 897, Pléiade, Romans I.

régime en -ain de *pute* ; *putasse* daté de 1558, dérivé de *pute*, *grognasse* (1883), de *grogner*, *pouf(f)iasse* (1866), issu de l'onomatopée *pouf*, trois termes formés à l'aide du suffixe péjoratif que l'on trouve également dans *connasse* qui désigne une prostituée marginale (1849) ou encore dans *pétasse* (1881, à partir de *péteux*), prostituée débutante ou occasionnelle ; *radeuse* daté de 1898 et *radasse* de 1913[1], dérivés de *rade*, « trottoir »[2] qui désignent la prostituée qui fait le trottoir. *Daube*, prostituée bien vue de la police, est un nom apparu en 1899 et dérivé d'un adjectif lyonnais qui signifie « gâté ». Le terme est attesté en 1924 dans un emploi injurieux avec un sens imprécis[3]. On peut encore citer la métaphore *paillasson*, apparue vers 1820 et *morue* daté de 1849, métaphore qui est à rapprocher des diverses dénominations du souteneur par des noms de poissons, telles que *barbeau*, *merlan*[4].

J'ajouterai à ces termes les deux désignations de « maison close » : *bordel*, mot fort ancien apparu avec ce sens en 1200, qui est dérivé de *borde* « petite ferme » et *boxon* (1858) existant depuis 1811 au sens de « cabaret », issu de l'anglais populaire *boxon*, « cabinet particulier de taverne ».

1. Cf. Esnault, *op. cit.*
2. Cf. *TLF*.
3. Cf. G. Esnault, *op. cit.*
4. *Maquereau*, « proxénète », qui date de 1270 environ, est à rattacher au moyen néerlandais *makelare*, « intermédiaire », « courtier », cf. *TLF*.

Chapitre III

LA FONCTION EXCRÉMENTIELLE

Est également tabou tout ce qui évoque l'excrémentiel, solide et liquide.

I. — La défécation

S'y rattachent tous les termes référant à l'anus et aux excréments.

1. **L'anus.** — Les dénominations de l'anus reposent pour la plupart sur deux sèmes fondamentaux : celui de trou et celui de forme arrondie.

L'anus est au début du XVIIe siècle dénommé *trou fignon*, *fignon* étant le diminutif de l'adjectif *fin*[1]. On retrouve l'expression en un seul mot en 1861. Les variantes sont multiples : *fignard* (1847), *troufignard* (1872), *troufion* (1874), *fion* (1881), *figne* (1881), *fignedé* (1883) qui a aux environs de 1930 les variantes *fouinedé* et *fouignedé*, *fignedarès* (1891), *fignoton* (1894), *fignon* (1898), *fignolet* et *fignoteau* (1905), *fignarès* (1935).

L'anus est également désigné par un certain nombre de lexies qui comportent « trou ». Les dénominations sont alors des paraphrases[2], d'un usage actuel comme *trou du*

1. Sade emploie *trou mignon* dans *La philosophie dans le boudoir*, cf. J. Cellard et A. Rey, *op. cit.*

2. « Un énoncé A est dit paraphrase d'un énoncé B si A contient la même information que B, tout en étant plus long que lui. » : J. Dubois et al., Dictionnaire de linguistique, Paris, Larousse, 1973.

cul déjà attesté au XVIe, ou vieillies comme *trou qui pète* et *trou qui pue* (milieu du XXe), ou bien elles relèvent de métaphores comme *trou de balle* apparu dans l'argot militaire en 1861, *trou de bise* employé par Rabelais[1] et attesté chez A. Delvau[2] en 1866 tout comme *trou du souffleur*[3]. *Trou d'Aix,* relevé par P. Guiraud qui suppose « une allusion à quelque source thermale »[4], est probablement une déformation de *trou d'ais* attesté en 1835 qui désigne à l'origine le « trou laissé par la disparition d'un nœud dans une planche »[5]. J'ajouterai là *trèfle,* dénomination qui, selon G. Esnault[6], date de 1828 et a une double justification métaphorique et par la noirceur de la carte et par le trou que représente le trèfle architectural. La forme attestée par F. Caradec[7] est *as de trèfle.*

Proche de l'idée de trou, celle d'ouverture, mais d'ouverture secondaire : *entrée des artistes* attesté en 1878, *entrée de service* (1975) ; *(petit) guichet* apparu en ce sens en 1938 et attesté au milieu du XIXe avec le sens de « guillotine » ; *porte de derrière*[8] ou *porte de service* (1987), ou encore, évoquant un passage étroit : *couloir à (aux) lentilles* (1960). On peut rapprocher de cette expression la métaphore *dé* qui date de 1907 ou *dé à coudre* (1977), *dé* désignant un « petit étui cylindrique [...] »[9].

Évoquant la forme arrondie de l'anus, on a *rond,* métonymie qui figure chez D'Hautel[10] en 1808 avec le sens de « postérieur », et dont G. Esnault[11] trouve l'origine en 1460 dans l'expression populaire « je n'ai de rond que

1. Cf. Rabelais, *Gargantua,* XXXIX.
2. A. Delvau, *Dictionnaire de la langue verte,* Paris, Dentu, 1866.
3. Cf. J.-P. Colin et J.-P. Mével, *op. cit.*
4. Cf. P. Guiraud, 1978, *op. cit.*
5. Cf. J.-P. Colin et J.-P. Mével, *op. cit.* E. Chautard (*op. cit.* p. 392), relevant le mot chez Vidocq en 1836, y voit un calembour sur *trou d'air* et *Aix,* ville proche de Toulon où était un bagne.
6. *Op. cit.*
7. *Op. cit.*
8. P. Guiraud, 1978, *op. cit.,* cite un emploi au XVIIe.
9. Cf. *Le Petit Robert,* 1990.
10. *Op. cit.*
11. *Op. cit.*

le cu », la métaphore *rondelle* datée de 1884, *rondibé* dérivé fantaisiste de *rond* qui figure dans l'expression *rondibé du radada* apparue dans une chanson de la Belle Époque, en 1908[1]. *Cercle,* attesté dans le langage populaire en 1886, est actuellement vieilli.

L'anus est également désigné métaphoriquement par divers objets ronds, avec trou comme : *bague* apparu en 1809, son dérivé *bag(u)ouse* qui date de 1952, *anneau* attesté en 1955, *boutonnière* apparu dans ce sens en 1847, *pièce de dix sous* qui date de 1866 et plus récemment *pièce de dix ronds* (1957). *Dixième* a d'abord désigné en 1899 au féminin, par métonymie, une pièce de dix sous, puis, par métaphore, à partir de 1902, l'anus ; le mot est alors masculin ; *disco* qui a le même signifié, daté de 1902, en est l'altération. Il faut probablement expliquer la dernière dénomination de même type : *dix*, apparue à la même date, par une ellipse à partir de *pièce de dix sous.*

D'autres désignations métaphoriques réfèrent à des objets ronds, mais sans trou : *rosette* qui date de 1864, *pastille* apparu en 1890 qui désignait antérieurement en argot une pièce de dix sous, *capsule* (1982). *Œuf,* qui date de 1884, s'expliquerait par une métonymie et une métaphore, l'œuf désignant l'endroit où les poules ont l'œuf[2].

D'autres objets qui évoquent moins directement la rondeur donnent encore leur nom à l'anus en raison de leur forme ; on trouve ainsi : *oignon brûlé* apparu en 1883 et *oignon* en 1890, qui a une variante apocopée plus usuelle *oigne* ou *ogne* datée de 1926[3] ou encore les variantes *ogneu* datée de 1953 et *oignard* (1957)[4] ; *échalote*, plante voisine de l'oignon, qui est une désignation plus récente (1953) ; *œillet* (1977). La métaphore *rose des vents* attestée

1. Cf. J.-P. Colin et J.-P. Mével, *op. cit.*
2. Cf. G. Esnault, *op. cit.*
3. *Oignedé* est une forme plus rare qui s'explique par l'aphérèse de la variante *loignedé* (largonji de fantaisie), cf. J.-P. Colin et J.-P. Mével, *op. cit.*
4. En 1902 est attestée la forme *ognard*, cf. Esnault, *op. cit.*

en 1866[1] est doublement motivée, puisque *vents* isolément est aussi à prendre métaphoriquement.

Quelques autres dénominations font référence à la fonction de l'anus, telles la métaphore *coupe-cigare* (1982), qui désigne aussi la guillotine, et renferme elle-même une métaphore, *cigare* désignant aussi bien la tête qu'un étron, ou encore la métaphore fort peu poétique : *turbine à chocolat* ou simplement *turbine* (1953).

Plusieurs dénominations par des adjectifs substantivés relèvent d'une métonymie : *rond*, déjà vu, *petit* (1878), *chouette* (1927), *marrant* (1977) qui appartient à l'usage familier et *sonore* (1977). *Terre jaune* est une métaphore de l'excrément humain qui n'a d'emploi que métonymique puisque la lexie a désigné la sodomie[2], puis l'anus (1985).

Il faut remarquer que bien des désignations de l'anus sont liées à la sexualité comme *chouette*[3] et plus précisément à l'homosexualité. C'est le cas par exemple de *œillet* et *rose des vents.* Elles entrent dans des expressions qui signifient par métonymie « être sodomisé » : *l'avoir dans l'œuf ; se faire défoncer la pastille* (1931) ou *se faire dorer la pastille* (1957) (variante, *pastèque)* ; *donner*, *filer*, *lâcher* ou *prendre du rond* (1953) (en parlant d'une prostituée ou d'un homosexuel) ; *se faire défoncer la motte* (1957) ; ou « sodomiser » : *casser, défoncer la rondelle à quelqu'un* (1957) ; *prendre* ou *passer par l'entrée des artistes ; passer par la porte de derrière*[4], ou encore pratiquer l'anilinctus comme *se bouffer l'oignon,* attesté en 1986.

Amateur de terre jaune (1912), *chevalier de la rosette* (1912), *amateur de rosette* (1929) désigne l'homosexuel actif ; *prendre du chouette* (1957) signifie « pratiquer l'homosexualité active » tandis que *être* ou *refiler de la*

1. Cf. A. Delvau, 1866, *op. cit.*
2. H. Bauche, *op. cit.*, indique *faire dans la terre jaune,* « se livrer à la pédérastie ».
3. Cf. A. Simonin, *Petit Simonin illustré par l'exemple,* Paris, Gallimard, 1968.
4. A. Doillon, *op. cit.*, p. 6, signale *défoncer la carrière à caca* (1991).

bagouse, donner ou *filer du chouette* (1970) ou *en filer (1957)* désigne l'homosexualité passive.

D'autre part, plusieurs termes désignent à la fois l'anus et par synecdoque, le postérieur : c'est le cas de *anneau, fignard, fignon, figne, (as de) trèfle, chouette*, ou inversement le postérieur et l'anus comme *bocal* apparu aux environs de 1883 avec le sens de « postérieur », ou encore l'anus et la vulve ou le vagin : c'est le cas de *boutonnière* qui a d'abord eu le sens de « vulve » en 1797 et celui d'« anus » en 1847 ; *dé* est attesté en 1901 avec le sens de « vagin » et prend en 1907 celui d'« anus »[1].

2. **Les excréments.**

A) *Les noms.* — Pour désigner les excréments, on dispose d'abord de termes issus de mots de même sens. Le plus courant est bien sûr *merde*, apparu au début du XIIIe et issu du latin de même sens *merda*, mais il y a aussi *mousse*, maintenant vieilli, attesté dans ce sens depuis environ 1570 et qui s'expliquerait à partir du breton *mous* « ordure »[2] et son dérivé *mouscaille* apparu chez Vidocq en 1836 et lui, actuel. *Caille,* daté de 1906, est un déverbal de *cailler*, forme dialectale issue de *cacare*[3]. De ce même verbe sont issus *caca* apparu aux environs de 1534, *cacade,* « colique » (1690) et *chier*, dont est dérivé *chiasse*, « diarrhée » (1894). *Foire* (diarrhée), attesté dès la fin du XIIe, vient du latin *foria* de même sens et *foirade* (diarrhée), qui date de la fin du XVIIIe, de *foirer*, « déféquer ». *Tartissure,* « excrément » daté de 1899, est dérivé de *tartir,* « déféquer ».

Les autres termes sont métaphoriques ou s'expliquent à partir de métaphores. C'est le cas de *mouise*, qui a d'abord désigné une soupe de mauvaise qualité et qui est maintenant vieilli avec le sens d'« excréments » qui date de 1888. *Rondin*[4], apparu chez les bandits d'Orgères

1. Cf. G. Esnault, *op. cit.*
2. Cf. G. Esnault, *ibid.*
3. Cf. *TLF.*
4. Le dérivé *rondiner*, « déféquer » est attesté en 1878.

en 1800[1] et encore employé dans ce sens, relève d'une métaphore claire fondée sur la forme[2]. Il en est de même pour *colombin,* « étron », daté de 1867, qui désigne à l'origine pour les céramistes un long rouleau de pâte molle servant à fabriquer certaines poteries et pour *fumerons,* dont le sens premier est « morceau de bois (ou d'une autre matière) insuffisamment carbonisé et qui fume »[3] et qui n'est plus usité avec le sens d' « excréments » attesté chez A. Bruant en 1901. Plus obscur est *sentinelle*[4], d'origine militaire, qu'Oudin[5] mentionne en 1640 : « Poser une sentinelle, descharger son ventre en quelque lieu descouvert », qui semble avoir disparu jusqu'aux environs de 1930 et qui désigne un étron isolé dans un espace ouvert.

B) *Les verbes.* — Les verbes qui signifient « déféquer » ne manquent pas. Ils peuvent être issus de verbes de même sens. Le plus courant est aussi le plus ancien : *chier,* issu de *cacare,* employé depuis le XIIIe. Mais on peut encore citer *caguer*, très employé dans le Midi et issu du provençal *cagar*, ainsi que *tartir,* daté de 1827 et issu du fourbesque[6] *tartire. Foirer,* apparu à la fin du XVIe siècle, est dérivé du nom *foire* « diarrhée » ; *mousser*, qui date de 1612, de *mousse*, « excrément ». *Flaquer,* daté de 1835, est à mettre à

1. Cf. J.-P. Colin et J.-P. Mével, *op. cit.*
2. *Cigare*, maintenant inusité dans ce sens, est une métaphore du même type attestée en 1928 et employée par J. Genet dans *Notre-Dame-des-Fleurs* dans l'expression métaphorique *avoir le cigare au bord des lèvres,* c'est-à-dire « avoir un besoin pressant de déféquer ».
3. Cf. *TLF.*
4. J. Cellard et A. Rey, *op. cit.*, y voient une métaphore fondée sur les notions de garde et d'immobilité. A. Delvau, 1866, *op. cit.* signale que le terme a pu avoir pour substitut *insurgé de Romilly* apparu en 1848, en quoi il voit une métonymie, ces hommes déposant dans un bois qu'ils traversaient « des marques nombreuses de leur passage ». L. Larchey, *Dictionnaire historique d'argot,* Paris, Dentu, 1881 (J.-C. Godefroy, 1982) renvoie à *factionnaire* qu'il définit et commente ainsi : « excréments déposés aux abords de certains murs ; comme un factionnaire, ils empêchent de passer ».
5. A. Oudin, *Curiosités françaises,* Paris, 1640, cf. J. Cellard et A. Rey, *op. cit.*.
6. Argot italien, apparu au XVe siècle en Toscane et en Vénétie.

part en raison de son origine onomatopéique, mais il faut noter que *flaque* en rouchi désigne la bouse de vache. C'est à partir de là que l'on peut expliquer *aller à flacdal*, expression populaire qui date de 1894, aujourd'hui disparue[1], ainsi que l'expression mentionnée chez A. Bruant (1901), et encore attestée en 1977, *aller chez Flacmann*. A côté de *flaquer* s'emploie le dérivé *déflaquer* (1891), dans lequel le préfixe a une valeur intensive.

On peut citer également quelques verbes employés métaphoriquement à partir de l'idée d'expulsion : *débloquer*, employé intransitivement, qui date de 1910 avec le sens de « déféquer », mais qui est employé actuellement pour signifier le déblocage intellectuel au sens de « dire des sottises », ou encore *débourrer* qui date de 1883, employé antérieurement dans l'expression de même sens maintenant disparue, *débourrer sa pipe*.

Plusieurs verbes n'appartiennent qu'au français non standard comme *défarguer* daté de 1835, ce verbe signifiant d'abord « décharger », ou encore *déponner* ou *déponer* apparu au milieu du XIXe, qui s'explique à partir du latin *ponere*, « poser », « pondre ».

C) *Les locutions verbales.* — Déféquer est surtout exprimé par des locutions métaphoriques dont la plupart impliquent l'idée de façonner : *mouler* ou *couler un bronze* (1977) et surtout celle d'expulser : *poser sa (une) pêche* (1957)[2]. *Perdre ses légumes* (1962) ou *ses clefs* (1982), c'est déféquer ou uriner involontairement sous l'effet de la peur, de la sénilité.

Téléphoner au pape, attesté en 1977, mais sans doute très antérieur[3], est également métaphorique, *téléphone* étant attesté en 1912 avec le sens de « lieux d'aisance »[4].

1. *Flacdal* n'est plus employé qu'avec le sens de « mou », « imbécile ».
2. *Déposer une pêche* est attesté en 1866 avec ce sens.
3. Cf. J.-P. Colin et J.-P. Mével, *op. cit.*
4. Cf. J.-P. Colin et J.-P. Mével, *ibid.* ; G. Sandry et M. Carrère, *Dictionnaire de l'argot moderne,* Paris, Édition du Dauphin, 1957, indiquent *aller au téléphone*, « faire ses besoins ».

Certaines expressions sont maintenant vieillies : *filer le rondin* attesté en 1800, *filer la mousse* (1827) ; *pousser sa chique* (vers 1890).

Il est à remarquer que le terme complément d'objet direct qui, dans toutes ces expressions, acquiert une valeur métaphorique, n'existe pas à l'état libre avec le sens d'excréments, à l'exception de *rondin* et de *mousse.* On peut encore ajouter *pousser son rond* (1888), *déposer un kilo* (1866), expressions dans lesquelles *kilo* et *rond* sont des métonymies ou encore l'expression métonymique maintenant vieillie *faire un tas.*

Deux expressions, aujourd'hui disparues, sont des métonymies à partir de l'idée de bruit : *faire ronfler le bourrelet* ou encore *ronfler du bourrelet*, attestées chez A. Delvau[1].

II. — La miction

D'une part, les termes qui y réfèrent sont comparativement fort peu nombreux. D'autre part, le nombre des noms est très réduit, en comparaison de celui des verbes. Le tabou est moindre dans ce domaine. Il existe tout de même, puisque *pisser* dans les dictionnaires comporte la mention « vulg. » et que bon nombre d'expressions comportent un terme référant au sexe.

1. **Les verbes et les locutions verbales.** — Il y a d'abord *pisser* apparu au XIIe siècle et issu du latin populaire *pissiare,* « uriner », d'origine onomatopéique et *lisbroquer* (1957)[2] qui n'est autre que *pisser* dans un largonji quelque peu fantaisiste, avec un suffixe qui s'explique peut-être par *broquette,* terme apparu au XVIe et désignant un pénis d'enfant[3]. Les autres verbes *lancecailler* (1957), variante graphique de *lanscailler* (1628), *lancequiner* (1800), bien

1. A. Delvau, 1866, *op. cit.*
2. Boudard écrit *lissebroquer*, cf. J.-P. Colin et J.-P. Mével, *op. cit.*
3. Cf. J.-P. Colin et J.-P. Mével, *op. cit.*

attesté actuellement et *lancebroquer*[1], variante de *lisbroquer*, s'expliquent à partir de *lance*[2], mot apparu au XVIe et réattesté à partir de 1836, qui désignait l'eau sous toutes ses formes.

Ecluser, dont l'emploi intransitif avec le sens d'uriner date de 1866, est métaphorique.

C'est également une figure qui est à la source d'un certain nombre de locutions telles que : *changer (d'eau) ses olives d'eau* (1888), métaphore dans laquelle *olives* est une désignation métaphorique des testicules ou *égoutter la nouille*, expression métonymique dans laquelle *nouille* (1946) est une des désignations du pénis[3]. Ces expressions ont des variantes dans lesquelles le terme qui désigne sans ambiguïté le pénis n'est pas attesté seul avec ce sens ; c'est le cas des métaphores *changer d'eau son canari* (1888), *son poisson* (1881), *faire pleurer son aveugle* (1881), *la fauvette* (1957), *le colosse* (1982), et des métonymies : *égoutter son colosse* (1953), *égoutter la sardine* (1977). On trouve encore la métaphore *lâcher*, *ouvrir les écluses* (1866) ainsi que, s'agissant de femmes, les expressions métonymiques *mouiller sa laitue*, *laitue* étant une désignation métaphorique de la toison pubienne attestée en 1977 ou encore *humecter sa fourrure* (1977), expression dans laquelle la métaphore *fourrure* est claire sans que le mot soit attesté seul, et, s'agissant des hommes, les métaphores : *tirer un fil* (1953) ou encore *glisser* ou *lâcher un fil* (1960). Les hommes disposent également de la métonymie : *mouiller une ardoise*[4], l'ardoise étant celle dont étaient faits les urinoirs ; *ardoise* d'ailleurs est depuis 1921 une désignation

1. Cf. J. Cellard et A. Rey, *op. cit.*

2. G. Sandry et M. Carrère, *op. cit.*, indiquent *jeter de la lance* : « uriner ».

3. *Nouille*, apparu avec ce sens en 1946, s'expliquerait par l'aphérèse de *panouille*, mot des domaines franco-provençal et provençal, dérivé du latin *pannus*, « pièce d'étoffe », « guenille » (cf. *supra, roupettes, guenilles* qui relèvent de la même métaphore) et apparu en 1899 avec le sens de « niais », qui est aussi, depuis 1932, par métaphore celui de *nouille* ; cf. *TLF* et J.-P. Colin et J.-P. Mével, *op. cit.*

4. Cf. J. Cellard et A. Rey, *op. cit.*

métonymique des urinoirs. Existent également : *se payer une ardoise* et *prendre une ardoise à l'eau* apparu en 1933 dans l'argot étudiant et encore attesté, qui s'explique à partir de l'expression plus ancienne (1892), *prendre une consommation*, qui avait aussi le sens d' « uriner ».

2. **Les noms.** — On ne peut guère citer que *pisse,* apparu avec le sens d' « urine » dans les années 1809-1816[1] et déverbal de *pisser*, verbe dont est issu également *pipi*. Quant à *lance*, daté, avec le sens d' « urine », de 1836 et issu probablement de l'argot italien *lenza* (fleuve, pluie, urine, boisson) d'origine incertaine[2] et *lancequine*, daté avec le même sens de 1899 et déverbal de *lancequiner*, ils sont surtout employés actuellement avec le sens de « pluie » (« eau » également pour *lance)*.

1. Mais apparu au XIIIe dans *chaude-pisse*, cf. *TLF*.
2. Cf. *TLF*.

Chapitre IV

ÉTUDE LEXICALE ET SÉMANTIQUE

Tous les termes ou expressions vus sont tabous et pourtant, qu'ils réfèrent à la sexualité ou à la fonction excrémentielle, bon nombre ont un emploi figuré et nous servent quotidiennement à traduire des sentiments aussi fondamentaux que la peur, le mécontentement, le mépris. Cela ne saurait étonner. Ce qui est fondamental, c'est le corps ; c'est de là que partent nos impressions. Et le langage le manifeste sans ambiguïté, qui traduit l'abstrait à l'aide des mots que nous refusons parce qu'ils ont trait à ce qu'il y a de plus intime en nous.

Ce chapitre est à la fois une étude de champs sémantiques et de champs lexicaux, de champs sémantiques puisque y sont étudiés divers signifiés d'un mot, champs lexicaux puisque y sont regroupés autour de quelques signifiés fondamentaux des mots ou expressions de sens voisins. Ceci, dans le souci d'éviter des répétitions.

I. — La peur

Comme le dit *avoir la trouille*[1] *au cul,* les termes qui entrent dans le champ notionnel des productions excrémentielles sont utilisés pour indiquer la peur, grâce à une

1. Mot apparu au XVe avec le sens de « colique » ; celui de « peur » date du XIXe. *Trouiller*, « avoir peur », qui en est un dérivé, est attesté en 1912 ; sur *trouiller* a été formé récemment (1977) le fréquentatif *trouilloter* de même sens.

métonymie, la peur étant désignée par une manifestation physique[1]. *Chier* et *pisser* sont ainsi suivis d'un complément circonstanciel qui désigne une partie du vêtement : *chier, faire* ou *pisser dans son froc*[2], *dans sa culotte*, expressions qui ont des variantes telles que celles-ci relevées en milieu scolaire : *je me chie dessus* et *je me chie 42*, variante-valise qui s'explique par le croisement de *je me chie dessus* et *à la six quatre deux* qui indique la précipitation. On rencontre également *mouiller son froc* ou *mouiller*. Avoir peur, c'est aussi *avoir la pétoche*[3], dérivé de *péter* ; *avoir la foire*[4] ; *avoir les colombins* ou *avoir les copeaux,* expressions apparues en 1914 et en 1917 dans l'argot militaire, *couépiaux* étant un mot dialectal de Guernesey qui signifie bouse de vache[5], ou encore *avoir les fumerons* daté de 1926, tous ces compléments désignant donc avec des nuances diverses les excréments[6]. Il convient toutefois de noter que *copeaux* n'est pas attesté seul avec le sens d'« excréments » et que ces expressions indiquent uniquement la peur. Seule *avoir la foire* a aussi le sens de « avoir la diarrhée ». Faire peur, c'est *foutre la chiasse, les colombins, les copeaux. Moules,* dans *avoir* ou *foutre les moules*, expressions récentes (1976) qui ont pour seul signifié « avoir » et « faire peur », est probablement un déverbal de *mouler (un rondin)*, « déféquer ».

Les adjectifs et noms *trouillard*, dérivé de *trouille*, *foireux*[7], de *foire* et *péteux*, de *péter*, désignent un individu poltron. Au Canada, c'est aussi le signifié du nom masculin *pissou*.

1. Cf. R. Confiant, *op. cit.*, p. 71 : « la peur-cacarelle aux entrailles. »
2. *Chier dans son froc,* cf. Sartre, *La mort dans l'âme,* 1949, cité par le *TLF.*
3. Sur *pétoche* a été formé récemment *pétocher*, « avoir peur ».
4. Céline construit l'expression avec un complément : *avoir la foire de,* sur le modèle de *avoir peur de,* cf. *TLF.*
5. G. Esnault, *op. cit.*
6. Pour ces divers mots, cf. *supra*, chap. III.
7. *Foireux* est apparu au XIIe avec le sens de « qui a la colique », au XIXe avec celui de « lâche », mais *péteux*, dont le sens de « lâche » date de 1790, n'a jamais eu qu'un sens figuré ; cf. *TLF.*

La peur se traduit aussi métonymiquement pour l'homme par des manifestations sexuelles, dans la mesure où la sexualité est signe de courage. Ainsi, *avoir les couilles molles* (1928), *les avoir moites* (1977), tout comme *ne bander que d'une*[1] ou *bander mou* signifient métonymiquement « avoir peur ».

II. — Le courage

En effet, les testicules et le poil sont les insignes de la virilité. Et la virilité, dans une société dominée par les hommes est, on ne s'en étonnera pas, assimilée au courage.

Avoir des couilles (au cul) (attesté en 1878), ou plus hypocritement, le nom se dissimulant sous le pronom adverbial dont le sens n'échappe pas, *en avoir*, ou encore *les avoir bien accrochées*, c'est « être viril », « avoir du courage ». En revanche *ne pas avoir de couilles (au cul)*, ou encore *ne rien avoir dans la culotte*, *le slip* ou *le pantalon* ou *ne rien avoir entre les jambes*, c'est « être lâche », « manquer de courage ». *Couille molle*, apparu en 1847[2], désigne par synecdoque un individu veule[3] ; *être mou du bout*, c'est être sans énergie.

Le poil est tout aussi valorisant. Ainsi a-t-on pu rencontrer : *à tout le poil*[4], *à poil(s)* attesté au XVIIIe, « résolu », « courageux »[5] ; *avoir du poil*, « être courageux », à l'inverse de *manquer de poil* ; l'exclamation *Du poil !* pour inciter au courage. Ces expressions sont aujourd'hui vieillies. Seule subsiste *avoir du poil au cul*, variante préférée dès le XIXe à *avoir du poil au cœur* qui date de 1836[6]. La localisa-

1. On trouve, par amalgame de *bander que d'une* avec *mouiller*, *ne mouiller que d'une*, employé par une femme dans *La dérobade* (1976) de J. Cordelier (cf. J. Cellard et Rey, *op. cit.*).

2. Cf. *TLF*.

3. Cf. D. Belloc, *Le petit Parmentier*, Paris, Balland, 1995, p. 85 : « Le père... qui voyait mais qui fermait sa gueule, un lâche, une couille molle, une larve. »

4. Cf. Rabelais, *Pantagruel* II.

5. Cf. *TLF*.

6. Cf. *TLF* et A. Delvau, 1866, *op. cit.*

tion toutefois prête à variations ; on peut avoir *du poil aux couilles, aux fesses, aux pattes* et même *aux yeux,* et plus vaguement, par euphémisme, *quelque part.*

III. — Le mépris

Curieusement, dans d'autres expressions *couille* est doté d'une valeur négative. Ainsi dans *c'est de la couille (en barre, en bâton)* (1957), c'est-à-dire « ça ne vaut rien », « c'est sans intérêt » (formule antithétique de *c'est de l'or en barre*), ou encore dans *partir, tomber, tourner en couille(s)* pour dire « se dégrader ». Faut-il voir là l'apocope de *couillonnade* que l'on a dans *couille* « erreur », comme le suggère G. Esnault[1] pour cette dernière expression ? Pourtant, *de mes (deux) couilles* (variantes : *de mes burnes, de mes choses, de mes deux*[2]), qui est sans équivoque, est une épithète dévalorisante qui indique que quelque chose ne vaut rien.

Par là *couille* rejoint *merde* et *c'est de la merde*[3] désigne une personne (1867), mais aussi une chose sans valeur (1892)[4] et *de merde* (variante récente : *de chiotte(s)*), déjà attesté en 1547[5], est une épithète qui signifie « dépourvu de la moindre valeur »[6]. Une *sous-merde* (1881) est un individu digne du plus grand mépris. En revanche, *ne pas se prendre pour une (de la) merde* ou *ne pas se croire de la merde* est une litote et signifie « se prendre pour quelqu'un d'important ». Synonyme de *de merde, à chier* « sans intérêt ». En revanche, *à chier partout* s'emploie pour marquer la

1. Qui date *partir en couille* de 1947.
2. « Haut mal de mes burnes ! caltez ! » Céline, *Casse-Pipe,* p. 49, Pléiade, Romans III.
3. « Si on se défend pas, on est de la merde », T. Jonquet, *La vie de ma mère !,* Paris, Gallimard, 1994, p. 41.
4. Cf. *ça (ne) pisse pas loin,* « ça manque d'intérêt ».
5. Cf. *TLF.*
6. Cf. « ces gros connards [...] gagneurs de guerre de merde », Cavanna, *Les Ruskoffs,* 1979, Paris, Belfond, p. 31.

satisfaction, notamment pour un repas excellent. De même, le participe passé *chié* employé comme adjectif a pour signifié « excellent », « remarquable »[1].

Merdeux, apparu en 1180 au sens de « souillé de merde » a aussi le signifié « individu méprisable », sens présent dans la métaphore voisine *bâton merdeux* (1867). *Petit merdeux* (1808), *merdeux* ou *merdeuse* désigne métonymiquement un enfant, un(e) gamin(e). Le terme doit être rapproché de *morveux*. *Morveux*, qui se fait aussi précéder de l'adjectif *petit,* désigne par métonymie un enfant, mais a aussi pour signifié « personne gonflée de prétentions en dépit de son jeune âge »[2], signifié que D'Hautel[3] donne à *merdeux* qu'il définit ainsi : « terme injurieux qui se dit d'un poltron, d'un fat sans esprit, sans talent et d'un fanfaron qui n'a que du babil ». Il est à remarquer que le nom dérivé de *pisser* n'existe métonymiquement qu'au féminin. *Pisseuse* est attesté en 1552 avec le sens de « fille » ou « femme ». Dans la langue actuelle, il désigne en général une fillette, parfois une adolescente.

Les termes ayant trait à la fonction excrémentielle se retrouvent dans des expressions qui signifient le mépris. Ainsi trouve-t-on signifiant « mépriser », avec des nuances diverses : *avoir* quelqu'un ou quelque chose *à la caille* daté de 1910, *à la crotte* de 1917 ou *à la merde ; traîner* quelqu'un *dans la merde* ; *emmerder* quelqu'un[4], daté avec ce sens de 1828, où il faut voir un emploi métaphorique du verbe pris dans son sens premier antérieur à 1436, « couvrir de merde » ; *faire caca sur* quelqu'un ou quelque chose *; chier à la gueule de* quelqu'un, variante de *chier sur* quelqu'un ou quelque chose, que D'Hautel[5] explique ainsi : « On dit bassement d'une personne pour

1. Cf. Rabelais, *Gargantua,* V : « C'est bien chié chanté. »
2. *TLF.*
3. *Op. cit.*
4. Cf. Cavanna, *op. cit.*, p. 183 : « Je vous emmerde, spectateurs ! Je vous emmerde, appréciateurs, fins gourmets ès courage et attitudes viriles ! Je vous emmerde, moralistes ! Je t'emmerde, postérité ! »
5. D'Hautel, *op. cit.*

laquelle on a le plus grand mépris, que l'on chie sur elle. » *Une gueule à chier dessus* est un visage très antipathique[1]. *Pisser sur* quelqu'un ou *au cul, à la raie* de quelqu'un a le même signifié. Les deux manifestations peuvent d'ailleurs se combiner comme dans *je te pisse sur le coin de l'œil et je te chie dessus* entendu dans un établissement scolaire. Le mépris extrême vis-à-vis d'un objet se traduit par *avoir au cul, dans le cul, se mettre* ou *se foutre au cul* qui se font suivre d'un pronom personnel complément désignant un non animé. La dernière expression figure surtout dans la formule : *Tu peux te le (la, les) foutre au cul*[2].

Depuis le milieu du XVIIe, *se foutre* existe dans les deux acceptions de « se moquer », quand le complément désigne un humain, et de « ne pas se soucier », « se désintéresser » quand le complément est un non animé. L'indifférence totale vis-à-vis de quelque chose s'exprime également par l'expression *n'en avoir rien à foutre*, dans laquelle *foutre* signifie « faire ». *Foutre* en effet, qui a d'abord désigné l'acte par excellence qu'est l'acte sexuel, a, depuis 1790, le sens très large de « faire ». *Branler*, qui aux environs de 1640 a désigné l'acte sexuel et qui depuis 1967 est synonyme de « faire », a les mêmes emplois que *foutre* : *s'en branler* et *n'en avoir rien à branler* signifient « s'en moquer totalement ».

IV. — « Emmerder », être « emmerdé »

Tout ce qui est lié à la défécation est en général associé à des notions de déplaisir.

Chier peut être suivi d'un complément d'objet : c'est alors l'expression attestée au début du siècle : *chier des lames de rasoir* (1935) ou *faire chier des lames de rasoir, des baïonnettes* à quelqu'un, dont on se doute que ça ne saurait être plaisant et qui signifie « subir » ou « faire

1. Cf. J.-P. Colin et J.-P. Mével, *op. cit.*
2. « Tu peux te la foutre au cul, ta soupe ! Je vas dormir », Zola, *La terre,* cité dans le *TLF.*

subir de mauvais traitements ». Une variante récente (1977) substitue *des gaufrettes* aux *lames de rasoir* ! On trouve également *(en) chier un torpilleur*[1], *une machine à coudre*, *un vélo*, *une pendule* tous objets d'élimination pour le moins difficile, ce qui permet de traduire l'exagération dans l'importance accordée à un fait[2]. Actuellement, le complément le plus employé paraît être *des bulles*, signe de bouillonnement, d'effervescence, dans les expressions : *en chier des bulles* (« être dans une situation particulièrement désagréable ») et *ça va chier des bulles* (« ça va barder »). San-Antonio[3] en utilisant *ça va chier des bulles carrées* développe l'expression en soulignant le caractère pour le moins exceptionnel ! de la production et de ce fait la violence du conflit.

Employé sans complément d'objet direct, *chier* peut avoir les mêmes sens. On a ainsi, d'une part, *en chier* ou *en chier dur*[4], structure parallèle à *en roter* (1914), *en baver* (1915), qui signifie « être dans une situation pénible », et, d'autre part, *ça chie*, *ça va chier*, dont H. Bauche[5] donne une variante : *ça va chier pour vos matricules*, *matricule* dans l'argot militaire étant une désignation métonymique de l'individu. *Ça chie* peut avoir des emplois divers et de ce fait présenter des nuances de sens. H. Bauche[6] indique ainsi comme équivalents : « Ça ne va pas, ça va mal ; ça devient intéressant ; il se passe des événements graves ; on travaille beaucoup ». *Chier* représente donc généralement un acte désagréable comme en témoigne l'expression actuelle *à chier*, synonyme d' « exécrable », « insupportable », de même type que *à vomir* ou *à dégueuler*. Sous une forme négative on trouve l' expression *Ça ne chie pas*,

1. Cf. R. Fallet, *Le beaujolais nouveau est arrivé,* cité par J. Cellard et A. Rey, *op. cit.*
2. Cf. Berroyer, *op. cit.*, p. 10 : « Tu les paies pas, toi, tu vas pas nous chier une pendule ! »
3. *Ça baigne dans le béton,* 1988, cité dans Ch. Bernet et P. Rézeau, *op. cit.*
4. Cf. Sartre, *La mort dans l'âme,* 1949, cité dans le *TLF.*
5. *Op. cit.*
6. *Ibid.*

ça chie pas !, attestée dans l'armée pendant la guerre de 1914, qui signifie « ça n'a pas d'importance » et l'expression plus récente, *y a pas à chier*[1], c'est-à-dire : il n'y a pas à hésiter ; il faut agir.

Chier représente encore un acte désagréable dans les expressions très courantes où il dépend du verbe *faire* et signifie « ennuyer », ou « s'ennuyer profondément » dans le cas du pronominal *se faire chier,* et a pour synonyme *(s')emmerder*. Dans ces emplois, *chier* peut commuter avec *tartir*, de même sens : *(se) faire tartir*. L'agent de l'infinitif complément désigne un +humain : *faire chier quelqu'un* (variante : *faire liéchem*[2]), le sujet de l'expression pouvant désigner un + animé ou un – animé ; quand il s'agit de l'expression renforcée, dont l'origine est obscure, *faire chier le marin*[3], qui s'emploie surtout à l'impératif et à la forme négative, le sujet non exprimé est un + humain.

L'agent de l'infinitif peut aussi ne pas être exprimé, dans l'expression elliptique *fais pas chier* où évidemment il est implicitement « me » ou « nous ». *Chier* peut avoir un complément – animé : *la bite* dans l'expression qui laisse, physiologiquement parlant, rêveur : *faire chier la bite à* quelqu'un[4], « excéder ». La même construction causative, employée pronominalement, est non moins fréquente : *se faire chier* exprime un ennui très profond ; l'expression est parfois renforcée par la comparaison *comme un rat mort*. Employée sous une forme négative : *ne pas se faire chier*, l'expression signifie « ne pas se gêner, ne pas s'en faire ».

Chier suivi d'un complément prépositionnel entre dans des expressions diverses, dont le sens diffère selon que le destinataire est ou non mentionné : *chier dans les bottes*

1. Cf. Sartre, *La mort dans l'âme,* 1949, cité dans le *TLF*.
2. *Liéchem, chier* en loucherbem, est daté par E. Chautard de 1888.
3. Cf. J. Vautrin, *Bloody Mary*, 1982, cité par Ch. Bernet et P. Rézeau, *op. cit.*
4. « Fais pas chier la bite, on est dans notre droit. » A. Boudard, *Bleubite*, 1988, cité par Ch. Bernet et P. Rézeau, *op. cit.*

de quelqu'un[1] signifie « importuner quelqu'un vivement ». *Chier dans la colle*, daté de 1947, ou *chier dans le pot* signifie simplement « exagérer ».

Les dérivés comportent les mêmes sèmes : *chiant ; chieur*, nom et adjectif, désigne un individu qui est source d'ennuis, qui « fait chier » et *chierie* signifie « désagrément ».

La merde représente le désagrément suprême, désigne ce qui est le plus dépourvu de valeur.

Le mot *merde* entre ainsi dans un certain nombre d'expressions métaphoriques d'emploi courant qui traduisent une situation difficile, fort désagréable comme *être dans la merde,* expression renforcée par *jusqu'au cou* ou *jusqu'aux yeux* (variante : *être dans le caca)*, *se foutre*, *se mettre dans la merde (tomber, retomber dans le (son) caca)*[2] ou *foutre, mettre quelqu'un dans la merde* ou encore *laisser quelqu'un dans la merde*. *Avoir la merde au cul*, c'est être dans une situation fâcheuse. C'est ce même sens que l'on retrouve dans *C'est toute une merde pour...* suivi d'un infinitif, expression qui, elle, ne peut être interprétée, si j'ose dire, au sens propre, et qui souligne l'extrême difficulté d'une entreprise.

Merde est employé également comme complément d'objet direct de plusieurs verbes avec lesquels il désigne métaphoriquement le désordre : *foutre*, *mettre*, *semer la (sa) merde*. Tout à fait synonyme : *semer* ou *foutre le brin*[3], *brin* étant une variante de *bran*, *bren* dont le sens d'excrément date de 1306[4]. Dans *foutre, mettre la merde, merde* peut commuter avec *bordel.*

Tout ce que représente de négatif *merde* se retrouve dans *merder*[5] verbe intransitif, « ne savoir comment se

1. A. Delvau, 1866, *op. cit.,* donne *chier dans la malle* ou *dans le panier* de quelqu'un, « lui jouer un tour qu'on ne pardonnera jamais » et commente : « L'expression qu'on pourrait croire moderne, sort de la satire Ménippée où on lit : Cettuy-là a fait caca en nos paniers... »

2. Cf. *sombrer dans la cacade,* H. Bazin, 1954, cf. *TLF.*

3. Cf. Ch. Bernet et P. Rézeau, *op. cit.*

4. *TLF.*

5. Apparu en 1596 au sens de « déféquer » et en 1909 au sens figuré de « ne savoir que répondre à une question ».

tirer d'une situation difficile » ou « échouer »[1] et dans *emmerder*, verbe transitif qui peut avoir pour sujet un + animé ou un – animé et qui signifie « importuner, déranger fortement ». Le participe passé-adjectif *emmerdé* signifie « ennuyé ». *Dépon(n)é* de *déponer*, « déféquer » indique davantage le découragement.

Emmerder peut avoir un emploi pronominal ; le sujet est alors un +animé ; quand il n'a pas de complément, c'est l'idée d'ennui extrême qui l'emporte : *qu'est-ce qu'on s'emmerde !* En revanche, quand il y a un complément : *s'emmerder avec quelque chose* ou *à faire quelque chose,* le verbe signifie « se donner (inutilement) beaucoup de peine pour quelque chose »[2] et *ne pas s'emmerder*, c'est avoir un comportement désinvolte, ne pas s'en faire.

Cette même idée d'importunité se retrouve dans les dérivés *emmerdement*[3] et *emmerde*, sans nul doute plus fréquent, dans *emmerdant*, adjectif dont le sens est celui d' « importun » quand il s'agit d'un +humain, d' « extrêmement gênant » ou « ennuyeux » quand il s'agit d'un – humain et enfin dans *emmerdeur*. On ne s'étonnera pas qu'*emmouscailler* apparu vers 1883 environ, qui est formé de la même manière qu'*emmerder*, à partir de *mouscaille*, ait exactement le même signifié. Le dérivé *emmouscaillement* (1953) est synonyme d' *emmerdement*.

Autre variante, euphémique, d'*emmerder*, *enquiquiner*[4], qui apparaît mais très rarement sous la forme plus proche de l'étymologie *enkikiner*, ce verbe étant formé à partir d'une racine onomatopéique *kik*[5]. A partir de ce verbe existent les deux dérivés : *enquiquinement*, apparu

1. *Se démerder* (1915), en revanche, signifie « se tirer d'affaire », « se débrouiller » et *démerdage* au Sénégal signifie « débrouillardise ». *Démouscailler*, de même formation à partir de « mouscaille », a depuis 1927 le sens de « tirer d'embarras ».
2. *TLF.*
3. Variante rare, de même sens, *emmerdation*, cf. G. Sandry et M. Carrère, *op. cit.*
4. Apparu en 1844 chez Flaubert sous la forme *enkikinante*, cf. *TLF.*
5. Cf. kiki, « cou ».

en 1883, et *enquiquineur* (1940), synonymes d'*emmerdement* et d'*emmerdeur*.

A côté de ces verbes, existent les expressions métaphoriques formées de *casser* suivi d'un complément d'objet second qui désigne la personne concernée et d'un complément d'objet direct qui désigne les testicules, considérés de ce fait comme le siège de l'affectivité. Seuls les hommes pourraient être importunés ! On a ainsi pour dire « agacer vivement » : *casser les couilles, les burnes* ou avec des désignations métaphoriques, *les burettes, les bonbons, les noisettes.* Aussi San-Antonio[1] a-t-il pu créer l'adjectif *casse-bonbons* et le nom *casse-noisette'man* (« homme ennuyeux »). *Casser les vestibules,* qui est aussi une de ses créations s'explique par paronomase à partir de « testicules ». C'est parce qu'elles sont deux que cet auteur a pu créer également la variante : *casser les sœurs Brontë.* Toutes ces expressions ne sont que des variantes plus marquées de l'expression apparue en 1890 dans le langage populaire *casser les pieds à quelqu'un.* Les testicules, *couilles* ou par métaphore *rouleaux,* sont encore à la base d'autres expressions qui signifient « excéder » : *baver sur les couilles, sur les rouleaux* à quelqu'un. Ce sont là des variantes de l'expression atténuée *baver sur les chaussettes* à quelqu'un[2].

Souvent le pronom personnel se substitue pudiquement au syntagme nominal, comme c'est le cas dans d'autres expressions : *se les geler* par exemple. On a ainsi *les casser à quelqu'un* ou avec des verbes qui indiquent bris ou usure : *les briser, les limer, les peler, les râper, les hacher menu, menu,* mais aussi *les gonfler, les brouter,* expression développée dans la contrepèterie *brouiller l'écoute.*

D'autres expressions de même signifié comportent un complément d'objet qui désigne le pénis ou les testicules : *racler le nœud, peler le jonc,* mais aussi *les bonbons* (1974) à quelqu'un. Le sémantisme de ces verbes est à rappro-

1. Cf. S. Le Doran et al., *op. cit.*
2. Cf. Ch. Bernet et P. Rézeau, *op. cit.*

cher de celui de *tanner*, sens apparu au XIIIe, dans *tanner quelqu'un*, c'est-à-dire « l'ennuyer, l'importuner ».

Importuner quelqu'un, c'est aussi lui *filer*, *foutre les glandes*[1] ou *les boules* (1985). L'expression est employée également avec pour sujet le pronom démonstratif *ça* : *ça me file (fout) les boules, les glandes.* Sans doute faut-il voir dans *boules* une désignation métonymique de l'angoisse (la sensation de boule dans la gorge) et une désignation métaphorique non seulement des amygdales, mais aussi des testicules, en raison même de *casser les couilles*[2]. Les *glandes* sont probablement une désignation des testicules[3]. *Avoir les glandes*[4] ou *les boules* (1981), très employé, signifie « être excédé ».

Il faut ajouter également l'expression *pomper le dard* ou *le nœud*, qui fait référence à la fellation, et qui signifie aussi « ennuyer, excéder ».

Tous les organes liés à la sexualité peuvent être concernés, semble-t-il, dans les expressions indiquant l'exaspération ; on peut dire aussi *casser le cul* à quelqu'un. *Cul* se retrouve plutôt tout de même dans des expressions qui désignent métaphoriquement l'exaspération par l'idée d'un trop plein : *en avoir plein le cul*[5], *ras le cul* (1974). Les variantes ne manquent pas, *en avoir ras* pouvant être suivi de divers syntagmes nominaux qui désignent un organe sexuel : *en avoir ras les burnes, en avoir ras le bol* (1969), *bol* étant une désignation métaphorique du postérieur attestée dans le langage populaire en 1872, *en avoir ras le bonbon.* D'autres variantes utilisent des termes plus anodins référant à la partie supérieure de l'individu : *en avoir plein la casquette* ou *ras la casquette*, *ras la patate*, ou à la partie inférieure : *ras les baskets, les pompes*[6].

1. Cf. « Toi, tu m'fous les glandes » Renaud, *Marche à l'ombre,* 1980.
2. Cf. J.-P. Colin et J.-P. Mével, *op cit.*
3. Cf. J.-P. Colin et J.-P. Mével, *ibid.* ; J. Cellard et A. Rey, *op. cit.* suggèrent les surrénales.
4. Expression antérieure à *avoir les boules,* cf. P. Merle, *Dictionnaire du français branché,* Paris, Seuil, 1989.
5. Variante de *en avoir plein les bottes* qui date de 1915.
6. Cf. Ch. Bernet et P. Rézeau, *op. cit.*

Couille[1] est employé actuellement comme nom avec le sens d'« erreur », de « difficulté » et dire : *y a une couille* ou, selon une formule qui équivaut à un renforcement de l'expression : *y a une couille dans le pâté,* c'est signifier qu'il y a une difficulté imprévue, *un os*.

V. — La bêtise

Con, sexe de la femme, en raison de la passivité qu'on lui attribue, désigne par métonymie une personne bête. L'emploi comme adjectif qui daterait, selon le *TLF*, de 1831 où Mérimée écrit à Stendhal : « Ne me croyez pas trop con. Cette expression, dont vous êtes l'inventeur, me plaît » s'explique à partir d'un glissement de sens du nom, antérieur (fin du XVIIIe)[2]. Il faudrait partir des expressions « parler, raisonner comme un con » fondées sur l'idée que la femme sous l'impulsion de la sexualité déraisonne, idée bien ancrée puisque « hystérie », terme apparu en 1731 qui désigne une névrose aux manifestations diverses, s'explique à partir du mot grec qui signifie « utérus ». Pourtant, le mot ne figure pas dans le *Dictionnaire de la langue verte* de A. Delvau[3]. On le trouve tout de même avec le commentaire « lâche, niais. Mot à mot : homme qui n'a rien de son sexe » chez L. Larchey[4] qui précise : « se prononce soit comme un seul mot, soit en articulant séparément chaque lettre ». H. Bauche[5] donne comme premier sens à *con* : « imbécile, personnage peu intelligent » et signale celui de « vagin » comme moins fréquent. E. Chautard[6] tout en indiquant comme sens premier « nature de la femme » fait à *con* une bonne place avec plusieurs expressions dont il signale par un astérisque que jusque-là elles sont absentes des dictionnaires : « **graisse de con* (1880), **paquet de con*,

1. Dans ce cas, issu de *couillonnade* par apocope.
2. Cf. J. Cellard et A. Rey, *op. cit.*
3. 1866, *op. cit.*
4. L. Larchey, *op. cit.*
5. *Op. cit.*
6. E. Chautard, *op. cit.*, p. 329.

paquet, niais. » ; **gueule de con* (1893), physionomie idiote (**face de con*, 1896) ; **faire le con*, simuler le niais ; **bobards à la con* (1908), paroles emportées ; **dire des coneries (sic)*, âneries ; **prendre quelqu'un pour un con*, chercher à tromper ».

Le mot peut être adjectif ou nom. L'existence d'un féminin *conne* prouve l'intégration du nom originel dans la classe des adjectifs. *T'es con* est la première formule injurieuse employée par les enfants. Le terme entre dans un certain nombre d'expressions dans lesquelles il est nom : *faire le con*, *jouer au con*, c'est-à-dire « faire l'imbécile ». Il est encore nom dans *être*, *se trouver*, *se retrouver comme un con* ou bien adjectif dans *se retrouver tout con*, expressions qui signifient « se retrouver tout seul dans une situation ridicule ».

Souvent *con* se fait suivre de termes de comparaison divers : *con comme une valise* ou *comme une valoche*, *valise (valoche)* pouvant être renforcé par le complément prépositionnel *sans poignée*, ce qui en fait un objet digne de Carelman[1] ; *con comme un panier*[2] qui de surcroît peut être *percé*[3], *comme un balai*[4], *comme la lune*[5]. Comble de la stupidité, la combinaison de termes référant aux deux sexes, par une comparaison pour le moins surprenante : *con comme une bite* ou *comme un manche*. La comparaison peut être formulée, sémantiquement parlant, de manière parfaitement dissymétrique : *aussi con que ma bite est*

1. Carelman, *Catalogue d'objets introuvables*, Paris, Balland, 1, 1969 ; 2, 1976.
2. Cf. Brassens, *Le mécréant*, 1960.
3. *Sot comme un panier percé*, qui est attesté par Oudin en 1640, est à rapprocher de *panier à (aux) crottes*, « postérieur », ce qui explique également *valise* ; cf. A. Rey et S. Chantreau, *Dictionnaire des expressions et locutions*, Paris, Dictionnaires Le Robert, 1989.
4. Expression peut-être motivée par *con comme un manche* ; cf. A. Rey et S. Chantreau, *ibid.*
5. Cf. A. Rey et S. Chantreau, qui rappellent les expressions *crétin de la lune* ou encore *il a un quart de lune dans la tête* (il est un peu fou) attesté chez D'Hautel, 1808, *op. cit.* ainsi que le sens : « postérieur » de *lune*. Pour J.-P. Colin et J.-P. Mével, *op. cit.*, référence au C majuscule initial du mot, symbolisé par le dernier quartier de la lune.

mignonne. Le renforcement se fait aussi par un infinitif prépositionnel de valeur consécutive : *con à bouffer sa (de la) bite.* On peut entendre des variantes qui substituent à la construction à l'infinitif une subordonnée consécutive de même valeur sémantique introduite par « que » : *il est con qu'il en peut plus, il est con qu'il en pète.* Enfin, *con* entre dans un syntagme prépositionnel à valeur d'adjectif : *à la con* qui signifie « ridicule », « stupide » comme dans *histoire à la con.* Il entre par ailleurs dans divers syntagmes figés : *piège à con, attrape-con(s).*

Le *con* prend de multiples nuances car les qualificatifs ne manquent pas : *petit con, grand con, vieux con, jeune con, pauvre con, sale con, sacré con, foutu con*[1].

Con(n)ard, adjectif et nom, est plutôt plus agressif et méprisant que *con. Connaud (con(n)eau, conno(t))* paraît plus débonnaire[2]. *Con(n)asse,* nom féminin et adjectif, s'applique en principe actuellement à une femme très sotte. Pourtant, le terme, qui a d'abord désigné (1610) le sexe de la femme, a désigné à partir du début du XIXe un homme ou une femme stupide, le terme pouvant s'appliquer à la prostituée inexperte (1810 environ). On voit là comment ce qui est spécifiquement féminin se spécialise dans l'expression du péjoratif.

Con a plusieurs autres dérivés qui ne retiennent que l'idée de bêtise. *Connerie,* nom féminin apparu en 1865, a vu son sens s'affaiblir du fait de la fréquence de son emploi. Il est employé actuellement avec le sens de « pensée, parole ou acte stupide »[3]. *Conceté,* de même sens, est plus récent (1957). L'adverbe *connement* daté de 1953[4] est synonyme de « bêtement ». En revanche, *déconner* qui date du milieu du XVIIe siècle a eu pour premier sens,

1. Cf. *infra,* chap. VI, IV. Y. Audouard dans *La connerie n'est plus ce qu'elle était,* Paris, Plon, 1993, établit une typologie « sommaire » des cons et distingue « le con évolutif », « le con définitif » et « le con intelligent ».

2. « Version rustique et bon enfant de conard », R. Edouard, *Dictionnaire des injures,* Paris, Tchou, 1973, p. 385.

3. J.-P. Colin et J.-P. Mével, *op. cit.*

4. Cf. *TLF.*

conformément à sa formation, celui de « sortir du vagin ». Le sens usuel aujourd'hui de « dire ou faire des conneries, des bêtises » n'apparaît qu'en 1883 et se maintient dans les dérivés : *déconneur* (1910), nom et adjectif, « qui dit des bêtises » ou « aime à plaisanter », *déconnage* (1936)[1], « action de déconner », *déconnade*[2] (1991), « bêtise », *déconnante*[3] (nom, 1979), « stupidité », *déconnant* (adjectif contemporain), « stupide ».

L'imbécile est aussi un *couillon,* terme auquel certains ouvrages[4] accordent un féminin *couillonne*. Le terme est assurément moins employé que *con*[5] ; il ne figure même pas dans le *Dictionnaire du français parlé*. En outre, ce n'est pas l'équivalent de *con*. Le *couillon* désigne d'ordinaire quelqu'un « qui se laisse facilement abuser »[6]. Le terme apparu au XIIIe siècle désigne d'abord un testicule[7]. Alors que les *couilles* sont symbole de courage, *couillon*, sans doute parce que le mot est un diminutif, désigne depuis le XVIe un homme mou, sans énergie et *couillon* est attesté non seulement avec le sens de « sot, imbécile », mais aussi avec celui de « poltron, lâche »[8]. Une *couillonnade*[9] est une bêtise, une manifestation de la *couillonnerie* terme moins employé, de la *couillontise* attesté aux Antilles[10] ou de la *couillonnisse* employé à La Réunion[11].

1. Cf. *TLF*. G. Esnault, *op. cit.,* signale le mot en 1896 au sens de « discours », « rédaction ».
2. Cf. A. Doillon, *op. cit.,* p. 8.
3. Le mot est attesté par G. Esnault, *op. cit.*, en 1903, avec le même sens que *déconnage.*
4. Cf. J.-P. Colin et J.-P. Mével, *op. cit.*
5. Très employé, toutefois, dans le Midi, souvent sous la forme *couillon de la lune.*
6. Cf. R. Edouard, *op. cit.*
7. Cf. Rabelais, *Le tiers Livre,* XII : « Je vous lui coupperay les couillons tout rasibus du cul. »
8. Le *couillonisme* est pour Flaubert (1855) le manque de courage érigé en système, cf. *TLF.*
9. Terme apparu en 1791 (en 1592 sous la forme *coyonade*) ; cf. *TLF.*
10. Cf. E. Pépin, *Coulée d'or,* Paris, Gallimard, 1995 : « Un petit secsec juste pour oublier la couillontise des hommes », p. 48.
11. Cf. L. Depecker, *Les mots de la francophonie,* Paris, Belin, 1988.

Certaines désignations du pénis ont pu servir à signifier la bêtise, par exemple *andouille*, substantif féminin. Ce terme, probablement issu du bas latin *inductilia* qui signifie « choses prêtes à être introduites dans » à partir de *inducere*, « introduire », désigne dès son apparition au XIIe siècle un boyau de porc farci et par métaphore le pénis ; ce n'est qu'au XIXe siècle qu'il prend le sens d' « individu sans caractère, niais, imbécile »[1]. Il entre dans des expressions telles que *faire l' (son) andouille*[2]. Un *(grand) dépendeur d'andouilles*[3] est un individu de grande taille capable de décrocher les andouilles suspendues très haut dans les charcuteries, mais sot et pas bon à grand-chose.

De la même manière, *gland*, « pénis » en argot, a pour signifié « imbécile ». Le mot apparaît dans les mêmes contextes que *con* et l'on a *rester comme un gland* ou *être gland*, le nom dans ce cas ayant un emploi d'adjectif. San-Antonio en fait un adjectif, l'employant dans l'expression *d'un air gland*[4]. *Cul* enfin, en tant que nom, désigne une personne stupide et, employé comme adjectif, signifie « stupide »[5]. Une *cuterie*[6] ou une *trouducuterie* (1912) est ainsi « une sottise », une « niaiserie ». *Cucu* (1933) ou *cucul* (1941) (variante : *cucul la praline*), employé comme adjectif, signifie également « niais », mais s'y ajoute une idée de ridicule et une *cucuterie* est une « niaiserie ridicule ».

VI. — **Duper, être dupé**

Couillonner signifie « tromper », « duper » depuis la fin du XIXe, et *couillonné*[7], « dupé », « berné ». C'était aussi le

1. Cf. *TLF.*
2. Cf. Zola, *L'assommoir*, 1877, cité dans le *TLF.*
3. Expression apparue dans la première moitié du XIVe, reprise au XIXe, cf. *TLF.* A. Delvau, 1866, *op. cit.*, donne comme seul sens : homme d'une taille exagérée.
4. Cf. S. Le Doran et al., *op. cit.*
5. Cf. Céline, *Mort à crédit*, p. 878, Romans, Pléiade I.
6. Mot daté par J. Cellard et A. Rey du XIXe ; *culterie* chez San-Antonio.
7. Attesté à la fin du XVIe avec le sens de « qui a la forme d'un couillon », cf. *TLF.*

sens du verbe *couiller* beaucoup plus récent, attesté par G. Esnault[1] dans l'argot scolaire au début du siècle, et disparu aujourd'hui. *Couillonner* toutefois fait figure d'exception.

En effet, les verbes qui signifient le plus habituellement « tromper » sont ceux qui signifient la possession sexuelle. Ainsi *avoir*, *baiser*, *niquer*, *ramoner*, *l'introduire à* signifient-ils, outre « posséder sexuellement », « tromper », « duper ». A côté de *fourrer*, *mettre*, *foutre*, *baiser* qui ont le sens de « posséder sexuellement », on a *fourrer*, *mettre* ou *foutre* quelqu'un *dedans* et *baiser la gueule à* quelqu'un, qui signifient « duper ». *Se foutre dedans*, c'est se tromper. Le signifié sexuel est en général antérieur et parfois bien antérieur, mais pas toujours. Ainsi au sens sexuel, *baiser*, *avoir* et *foutre* datent tous trois du XIIe siècle ; au sens de « duper », le premier date de 1500 environ, le deuxième de 1690, le dernier est attesté en 1881[2]. Parfois les deux signifiés sont plus proches. *Niquer*, « posséder sexuellement » date de 1890 ; au sens de « duper », de 1918. En revanche, *fabriquer*, apparu au XIIe siècle avec le sens de « élaborer de manière à tromper »[3], a pu prendre le sens d'« avoir des relations sexuelles avec quelqu'un »[4].

Ont a fortiori le sens de « tromper » les verbes qui ont pour signifié « sodomiser ». Toutefois, certains seulement signifient aussi « tromper ». C'est le cas de : *enculer, englander, entuber, enviander*. Le dérivé *enculerie* a pour seul signifié : « friponnerie », « tromperie ».

Corrélativement, celui qui est objet dans l'acte sexuel est trompé. *Se faire baiser*, *se faire avoir*, *l'avoir dans le baba*, c'est « être berné ». Certaines des expressions qui signifient « se faire sodomiser » signifient évidemment aussi « être trompé » : *se faire entuber, l'avoir dans l'œuf.*

1. *Op. cit.*
2. Cf. *TLF.*
3. Cf. *TLF.*
4. Cf. A. Boudard, *Le café du pauvre,* cité par J.-P. Colin et A. Mével, *op. cit.*

Quelques autres expressions qui signifient « être dupé » comportent un terme désignant l'anus et/ou le postérieur sans que l'expression ait par ailleurs un emploi sexuel : *l'avoir dans l'oigne, dans l'os, l'avoir* ou *se le faire mettre dans le père Fouettard* et surtout *l'avoir dans le cul.* Cette dernière expression est à rapprocher de la phrase sans verbe, à deux éléments : *dans le cul, la balayette !* (variante : *dans le dos la balayette !*) qui signifie « c'est raté », dans laquelle *balayette* est une désignation du pénis.

A l'inverse, *avoir le cul verni* (1914), c'est par métaphore être chanceux, le malheur glissant sur ce qui est verni. C'est à partir de là que s'expliquent *avoir du pot* (1926)[1], *avoir du bol* (1945), *pot* (*pot à crottes*, 1654) et *bol* désignant antérieurement par métaphore le postérieur, *avoir du cul* (1960), ainsi que *avoir de l'anneau* (1930), *de la bague* (1952), *bague* et *anneau* ayant par ailleurs pour signifié « anus ». L'expression récente *avoir le cul bordé de nouilles, de spaghettis* ou *de tagliatelles* est probablement à expliquer à partir de *avoir de la fistule* (1928) de même sens : « être très chanceux », *nouilles* étant alors une désignation métaphorique des hémorroïdes, lesquelles sont désignées en argot par le paronyme *émeraudes*, ce qui renvoie à *l'avoir en or* (1926), *« l'avoir doré »* (1928) « avoir de la chance »[2]. La métaphore a subi un déplacement et c'est actuellement *se faire des couilles en or* ou *des burnes en joncaille*[3] qui a pour signifié « gagner beaucoup d'argent ».

Merde ! peut être un souhait de bonne chance, notamment aux examens, et dire à quelqu'un : *je te dis merde*, c'est lui souhaiter bonne chance[4].

1. Qui a été précédé de « Il a le pot ! Il l'a tout en or, doré » (1925), cf. Esnault, *op. cit.*

2. Cf. Ch. Bernet et P. Rézeau, *op. cit.*

3. *Jonc* désigne en argot l'or (métal).

4. Cf. « Il voulait lui dire merde, aussi, pour lui porter chance [...] » J. Amila, *La bonne tisane,* 1955 cité dans Ch. Bernet et P. Rézeau, *op. cit.*

VII. — La méchanceté

Un certain nombre de termes qui constituent des injures dénotent la saleté, mais aussi la méchanceté, la saleté physique désignant par métaphore la malignité. Un *sale type*, l'adjectif étant dans ce cas obligatoirement antéposé, est quelqu'un de vil, de peu recommandable.

Le plus employé de ces termes est sans doute *salaud*, nom masculin dérivé de *sale*, qui date du XIIIe siècle et a d'abord désigné une personne très sale. C'est à partir du XIXe siècle que l'idée de saleté morale s'est substituée à celle de saleté physique. Les dérivés littéraires rares, l'adverbe *salaudement* (1892) et le nom *salauderie* (1929)[1], qui signifient respectivement « de manière méprisable » et « conduite, propos ou actes moralement méprisables », retiennent l'idée de saleté morale. *Salaud* peut aussi être employé comme adjectif. Quant au féminin *salaude*, il est d'un emploi rare[2]. On utilise plus ordinairement *salope*, à la fois adjectif et nom féminin. Le terme, qui date de 1611 et qui est probablement formé de *sale* et de *hoppe*, forme dialectale de *huppe*, oiseau réputé pour sa saleté comme le montre l'expression lorraine : *sale comme une huppe*, a d'abord désigné quelqu'un de très sale[3]. A la fin du XVIIIe, une *salope* est une prostituée. Plus généralement, le terme désigne une « femme peu recommandable par ses mœurs, ses actes, son comportement »[4]. *Salope* peut aussi désigner un homme et dans l'argot du bagne (1873), le terme désignait un « forçat qui moucharde et vole ses camarades de bagne »[5]. A partir de *salope*, a été fait le nom masculin *salop*, qui date de 1837, et de là *salopiau(d)* (1866), ou *salopiot* (1878) et *salopard*, nom masculin, apparu au début du siècle qui désigne un individu parti-

1. Cf. *TLF*.
2. Cf. Céline : « grinçante rouillée salaude ! », *Féerie pour une autre fois*, p. 72, Pléiade, Romans IV.
3. Cf. O. Bloch et W. von Wartburg, *op. cit.*
4. J.-P. Colin et J.-P. Mével, *op. cit.*
5. Cf. G. Esnault, *op. cit.*

culièrement malfaisant. *Salaud* et *salopard* sont méprisables, mais le *salopard* est plus à craindre, car il est sournois, « cruel, dangereux, prêt à trahir »[1]. *Salaud* et *salope*, qui, à la différence de *salopard,* ont pu indiquer la saleté physique, n'ont plus actuellement qu'une valeur morale.

Un certain nombre de mots, néanmoins, sont encore susceptibles d'évoquer la saleté et physique et morale. Il en est ainsi de *marie-salope*, nom féminin qui depuis 1845 a pour signifié « femme négligée et malpropre », et qui désigne actuellement une femme malpropre et débauchée, de *saloperie* (1694), qui au XVIIe indiquait une très grande saleté et désigne actuellement aussi bien l'ordure que toute forme de malhonnêteté (en actes ou en paroles). Ce nom désigne depuis 1873 un individu déloyal et s'emploie comme injure[2]. *Salopiau(d)* ou *salopiot* a pour signifié : individu (homme ou enfant) « répugnant (au physique ou au moral) »[3]. Il en est de même du dérivé de *sale*, *salingue*, adjectif et nom, qui date de 1925 et signifie « sale », que ce soit au physique ou au moral. San-Antonio, toutefois, dans ses néologismes ne retient que le signifié moral : une *salopade* est une « trahison », une *salopiade* une « action répréhensible »[4].

Saligaud, dont la forme primitive en wallon et picard est *saligot* et qui est apparu au XVIIe, a été probablement formé à partir de l'adjectif francique *salik*, sale[5]. Ce nom garde son sens de personne malpropre[6], mais désigne surtout actuellement quelqu'un de moralement répugnant. *Saligaud* s'emploie comme une variante adoucie de *salaud*[7].

Plusieurs noms signifiant la saleté physique ou une de ses formes, comme la pourriture, signifient par métaphore

1. J.-P. Colin et J.-P. Mével, *op. cit.*
2. Cf. G. Esnault, *op. cit.* ; dans *Jésus la Caille* de Carco, Paris, A. Michel, 1914, Poche, 1980, p. 205 : « J'te l'arrange ta gueule, saloperie !... ta sale gueule... », l'injure s'adresse à une femme.
3. Cf. J.-P. Colin et J.-P. Mével, *op. cit.*
4. Cf. S. Le Doran et al., *op. cit.*
5. Cf. O. Bloch et W. von Wartburg, *op. cit.*
6. Cf. *Le Petit Robert*, 1990.
7. Cf. R. Edouard, *op. cit.*

la saleté morale. On peut citer : *saleté*, *ordure*, *pourriture*, *fumier*, *charogne*, *vermine*. Chez San-Antonio la *fumiardise* est le « caractère de ce qui est moralement abject », un *charognage* une vilenie[1].

Il est à noter que l'adjectif *put,* issu du latin *putidum* et qui est à l'origine de *pute,* avait en ancien français plusieurs sens, celui de « puant » et celui de « mauvais », « méchant ». De la même manière, l'adjectif *puant* qui, de nos jours, au sens figuré, signifie : « Qui se rend odieux par sa prétention, sa vanité » est apparu à la fin du Xe avec le sens de « qui sent très mauvais » auquel s'est ajouté à partir du début du XIIIe celui de : « dont la bassesse provoque l'aversion »[2]. *Dégueulasse*[3], daté de 1867 (variante apocopée récente : *dégueu* (1977)), adjectif dérivé de *dégueuler,* ainsi que le nom dérivé *dégueulasserie* (1910 environ) indiquent la saleté physique et morale.

Plusieurs termes tels *carne*, *rosse*, *chameau*, *vache,* qui désignent une mauvaise bête, signifient aussi « personne méchante ». Une *rosse* est d'abord un mauvais cheval. Au XVIIe le terme désigne une personne qui ne vaut pas grand-chose et à partir du XIXe, quelqu'un de méchant qui se plaît à tourmenter. Employé comme adjectif, *rosse* signifie actuellement « mauvais, méchant »[4]. *Chameau*, monture considérée probablement comme peu confortable, signifie « personne hargneuse » et constitue une insulte depuis 1828[5]. Depuis 1900, une *vache* est une personne méchante et *vache,* employé comme adjectif depuis 1880, a d'abord signifié « méchant et sournois »[6]. C'est cette idée de méchanceté que l'on trouve dans les sens de l'adjectif dérivé *vachard*[7], et de l'adverbe *vachement* (1930), qui a signifié d'abord « d'une manière

1. Cf. S. Le Doran et al., *op. cit.*
2. Cf. *TLF.*
3. Cf. *TLF.*
4. Cf. *TLF.*
5. Cf. G. Esnault, *op. cit.*
6. Cf. G. Esnault, *ibid.* et *TLF.*
7. Apparu en 1800 avec le sens de « fainéant » ; cf. Esnault, *op. cit.*

vache », c'est-à-dire « méchamment », et dans le sens actuel (qui date de 1885) du nom *vacherie*. *Carne*, « viande gâtée » en 1836, a désigné, en 1842, une femme méchante et en 1867, un mauvais cheval[1].

Il mérite d'être remarqué que ces termes s'appliquent aux femmes, souvent comparées à un cheval, fringant, quand elles sont jeunes *(pouliche)*, mauvais cheval, mauvaise monture quand elles sont vieilles. Une *rosse*, mauvais cheval à l'origine, était au XVe-XVIe une vieille femme décrépite. *Vache* du XVIIe au XIXe a eu pour signifié « femme trop grosse » et « prostituée avachie »[2]. Si la femme, et notamment la femme de mauvaise vie, a pu être au XIXe un *chameau*, parfois un *chameau à deux bosses*, épithète qui daterait de la campagne d'Égypte, c'est au dire de L. Larchey en raison de « la docilité avec laquelle le chameau se couchait pour recevoir son fardeau » ! *Carne* en 1867 désignait le mauvais cheval et la prostituée[3] ; le terme est encore employé pour injurier de préférence une femme[4].

1. Cf. *TLF*.
2. Cf. L. Larchey, *op. cit.*
3. Cf. G. Esnault, *op. cit.*
4. G. Esnault signale que dans l'argot militaire en 1916 *carne* s'appliquait à un homme.

Chapitre V

ÉTUDE MORPHOLOGIQUE ET SYNTAXIQUE

I. — Morphologie

Il faut tout d'abord noter que les gros mots, comme tout ce qui est non standard, c'est-à-dire d'abord oral, peuvent avoir des formes différentes ; *flasquer* et *fiasquer* (déféquer) sont des variantes de *flaquer* ; *fouignedé* (1947), *fougnedé* (1947), *fouinedé* (1975), des variantes d'un même dérivé de *fignard*, « anus ».

S'ils n'ont qu'une forme, celle-ci peut être rendue par des graphies différentes dans la mesure où plusieurs graphies peuvent restituer une même prononciation : *flaquedalle* ou *flacdal* (défécation) ; *lancecailler* ou *lanscailler* (uriner) ; *lissebroquer*, *lisbroquer*, *licebroquer* (uriner) ; *conneau, coneau* et *conno*. Il arrive que les diverses graphies soient apparues à des dates diverses : la graphie actuelle *pédoque* (homosexuel) était celle du mot quand il est apparu en 1919 et *pédoc* est attesté en 1957. *Popol* apparaît selon les dates sous des graphies différentes : *Popol* en 1960, *Paupol* en 1975 et *Popaul* en 1977 ; de la même manière *guisot* (pénis) est attesté en 1930, *guizot* en 1936, *guiseau* en 1937[1].

1. — Modes de formation.

A) *Mots simples*[2]. — Les gros mots peuvent être des mots simples appartenant uniquement au français non

1. Cf. J.-P. Colin et J.-P. Mével, *op. cit.*
2. Pour ces distinctions : « mots simples », « dérivés », « composés », etc., cf. H. Mitterand, *Les mots français,* Paris, PUF, « Que sais-je ? », 1968.

standard tels que : *con*, *couille*. Ces mots simples peuvent être d'origine diverse, d'origine régionale : *rouston* (testicule), issu du languedocien *roustoun* de même sens, ou d'origine étrangère : *zeb* ou *zébi* emprunté à l'arabe maghrébin *zebbi*, issu de l'arabe classique *zubb* de même sens ; *boxon*, qui a pour origine le même mot anglais signifiant « cabinet particulier de taverne ». L'emprunt peut avoir, on le voit, le même sens que le mot emprunté, mais pas obligatoirement. *Burnes* (testicules), issu du rouchi *burne*, qui désigne une excroissance sur un arbre, s'explique ainsi par une métaphore.

Ce peuvent être aussi des mots simples appartenant au français standard. Leur emploi est alors figuré et relève de figures diverses : antonomase, le nom propre étant employé comme nom commun : *Popaul* (pénis) ; métonymie : *sonore* (anus) et surtout métaphore : *poireau*, *figue*, *framboise*.

C'est à partir de certaines métaphores que se constituent des séries de synonymes désignant une même réalité : *arbalète*, *sabre*, *braquemart, dard.*

Parfois, les figures s'ajoutent. Ainsi *jacques* (pénis) est une métaphore qui s'explique à partir d'une métonymie et d'une antonomase, ce terme ayant d'abord désigné le bâton des pélerins de Saint-Jacques-de-Compostelle. Elles peuvent aussi s'imbriquer dans le cas de noms composés ou d'expressions. *Coupe-cigare* est une désignation métaphorique de l'anus dans laquelle *cigare* (étron) est une désignation métaphorique attestée. En revanche, dans *égoutter son colosse*, métonymie pour « uriner », *colosse* est une désignation métaphorique et hyperbolique du pénis qui n'apparaît pas seule.

B) *Mots dérivés.* — La dérivation par préfixation est rare, mais existe tout de même : *déflaquer* sur *flaquer*.

Je rangerai là la forme *Ducon* et ses variantes *Duconno* et *Ducon-la-joie,* dans lesquelles ce qui pourrait passer pour un préfixe s'explique en fait par la particule nobiliaire et par un paronyme comme *Dupont*.

Les dérivés résultent le plus souvent d'une suffixation, le suffixe pouvant être spécifiquement argotique : -arès, -ouse, -oche, -caille, -os ; appartenant au français familier, comme c'est le cas pour -ouiller, et souvent, pour -ade, ou bien au français standard : -aud, -ée, -erie, -ette, -eur, -ure, -eux, -er. Certains suffixes sont dépréciatifs de manière constante : -ard, -asse, -aud, ou occasionnelle : -aille.

Les dérivés peuvent être des noms : -ade : *foirade* (diarrhée), *couillonnade* (bêtise) ; -ard : *con(n)ard* ; -arès : *fignarès*, *fignedarès* (anus) ; -asse : *con(n)asse, couillasse, gouinasse, grognasse* ; -aille : *lopaille* (homosexuel) ; -aud : *salaud, saligaud* ; -caille : *mouscaille* ; -ée : *giclée* ; -eau : *con(n)eau, fignoteau* (niais) ; -erie : *connerie* ; -et (-ette) : *fignolet* (anus), *founette* (vulve), *craquette* (vulve), *tringlette* (coït), *lopette* ; -eur : *enculeur* ; -ier : *merdier* ; -oche : *panoche* (pénis) ; -on : *couillon* ; -os : *nullos* ; -ouille : *merdouille* ; -ouse, -ouze : *tantouse* ; *tantouze* ; -ure : *emmouscaillure*, *tartissure* (excrément).

Certains de ces noms peuvent être également employés comme adjectifs. C'est le cas par exemple de *connard, conneau, couillon, salaud.*

Les suffixes peuvent évidemment se combiner comme, par exemple, les suffixes -aille et -on dans *merdaillon* (enfant méprisable), le dérivé ayant alors un sens nettement péjoratif.

Ces noms dérivés peuvent être formés à partir de noms : *panoche* à partir de *panais*. Certains noms sont à la base de dérivés multiples. A partir de *merde* s'expliquent les verbes : *merder* (1596), *merdoyer* (1884), *merdouiller* (1932) ; les adjectifs : *merdeux* (1180 : *merdous*), *merdique* (1976) ; les noms : *merdaille* (environ 1223 : troupe de personnes méprisables ; 1973, situation difficile), *merdier* (XIVe), *merdaillon* (1880), *merderie* (1934).

Ils peuvent dériver de verbes, comme *grognasse* de *grogner*, *tartissure* de *tartir*, *foirade* de *foirer*, *troussée* de *trousser*.

Ils peuvent dériver d'ajectifs : *salaud* à partir de *sale*.

Les dérivés peuvent être spécifiquement des adjectifs. Ceux-ci peuvent être formés avec un suffixe uniquement argotique : *nullos* (suffixe -os qui sert à former surtout des adjectifs), *salingue* (suffixe -ingue, qui sert aussi à former des noms : *valdingue*, valise), mais plus souvent avec des suffixes du français standard : -asse : *dégueulasse* ; -ique : *merdique*.

Ces adjectifs, on le voit, peuvent être formés à partir de verbes : *dégueulasse* de *dégueuler*, à partir de noms : *vachard* de *vache* ou à partir d'adjectifs : *nullos* de *nul*.

Certains dérivés sont formés à partir d'expressions. A partir de *mettre la pine au cul* a été formé *pinocumettable* (1940), avec déplacement du syntagme complément, ce qui permet de rapprocher cette formation d'adjectifs synonymes comme *baisable* ou *mettable*.

Des verbes peuvent aussi s'expliquer par dérivation : suffixe -er : *biter* de *bite*, *piner* de *pine* ; suffixe -ouiller : *merdouiller* de *merde*.

La dérivation concerne également les adverbes. Sont ainsi formés de manière tout à fait habituelle, avec le suffixe d'adverbe -ment : *connement*, *foutrement*, *foutument*[1].

Parfois, c'est un dérivé lui-même qui est à la source d'un ou de plusieurs dérivés. De *couillon*, dérivé de *couille*, dérivent *couillonnade* ou *couillonnerie* et *couillonner*. A partir de *déconner*, dérivé de *con*, se sont formés les noms : *déconnage*, *déconneur*, *déconnante*, *déconomètre*, *déconoscope* et même, selon R. Edouard[2], *déconnoir*. A partir de *enculer*, dérivé de *cul*, se sont formés les noms *enculeur*, *enculage*, *enculade*, *enculerie* ; à partir de *merdeux*, *merdeuserie* (chose méprisable) ; sur *dégueulasse*, *dégueulasserie* (chose ou action répugnante).

La dérivation peut avoir lieu après troncation. C'est le

1. *Culment* chez San-Antonio, *L'année de la moule*, 1982, cf. A. Doillon, *op. cit.*

2. *Op. cit.*

cas de *pédoque* (1919) formé par resuffixation à partir de *pédé* (1836), forme apocopée de *pédéraste*.

Les suffixes ont souvent un fonctionnement plus libre qu'en français standard. Plusieurs peuvent être employés sans différence de sens. Ainsi sont considérés comme équivalents du point de vue du signifié : *enculage* (1936) et *enculade* (1906) ; *démerdard* et *démerdeur*. Une même base peut être à la source de dérivés très divers de même sens ; on a ainsi à partir de *figne* (1881) forme apocopée de *fignard* (1847) : *fignon* (1898), *fignedé* (1883), *fignedarès* (1891), *fignoton* (1894), *fignolet* (1905), *fignarès* (1935).

Un même suffixe peut servir à former des mots de classe grammaticale différente. Ainsi, le suffixe argotique - arès, qui en principe sert à former des verbes (*bouclarès, planquarès*), est également employé pour des noms : *fignarès*. Le suffixe -oche se rencontre dans un nom comme *panoche* et dans l'interjection *sapristoche* ; dans ces deux cas, il se substitue à la finale du mot.

Certaines formations suffixales sont assez fantaisistes. C'est le cas de *foutaise*, formé sur *foutre*, ou de *conceté* (sottise), formé à partir de *con* sur le modèle de *cochonceté,* inspiré par *méchanceté*, qui est formé régulièrement à l'aide du suffixe -té à partir de *mescheance*.

Il arrive qu'un nouveau suffixe vienne se substituer à un suffixe antérieur : ainsi *dégueulbif,* synonyme de *dégueulasse,* résulte-t-il de la resuffixation de *dégueulasse*.

Certains mots s'expliquent par dérivation inverse, ce qui « consiste à tirer un mot plus simple d'un mot plus long »[1]. Ce sont les dérivés régressifs caractérisés par l'absence de suffixe. C'est le cas de déverbaux comme *nique* de *niquer*, *balloches* de *ballocher*, *démerde* de *se démerder*.

Un certain nombre de termes relèvent d'un autre type de dérivation : la dérivation parasynthétique, qui consiste dans l'adjonction simultanée à une base d'un préfixe et d'un suffixe, aucun dérivé par conséquent de cette même

1. Cf. J. Gardes-Tamine, *La grammaire,* Paris, A. Colin, 1988, t. 1, p. 65.

base ne comportant seulement le préfixe ou le suffixe. S'expliquent ainsi plusieurs verbes signifiant « sodomiser » : *empaffer*, *enculer*, *enfifrer*, *enviander*[1].

Dernier type de dérivation : la dérivation impropre par laquelle un mot change de catégorie grammaticale. Peut ainsi devenir nom un participe : *enculé*, *enviandé*, un adjectif : *douillettes*, *précieuses*. Il faut noter que les noms sont assez facilement employés comme adjectifs. C'est le cas de *démerde* : « comme tous les gens un peu démerdes »[2].

C) *Mots composés.* — Bon nombre de mots du français non standard sont des composés, c'est-à-dire des unités lexicales « où l'on reconnaît au moins deux mots pouvant fonctionner de manière autonome, dans un énoncé français, comme mots simples ou dérivés »[3].

Ces composés sont surtout des noms et peuvent être diversement constitués :

- — nom + nom : *espace bonbons* ;
- — nom + préposition + nom : *boîte à ouvrage* (vulve), *dé à coudre* (anus), *turbine à chocolat* (anus), *couloir aux lentilles* (anus), *bijoux de famille*, *trou de balle*, *café du pauvre*, *rose des vents* (anus) ;
- — nom + adjectif : *clarinette baveuse*, *vipère broussailleuse*, *bâton merdeux* ;
- — verbe + nom complément d'objet : *fouille-merde* ; *peigne-cul* ; *peigne-zizi* ; *casse-couilles* ;
- — préposition + nom : *sans-couilles* ;
- — adverbe + participe : *mal-baisée*.

1. Pour Riegel et al., *op. cit.*, p. 542, ce sont là de faux parasynthétiques, ces mots comportant une désinence verbale et non un suffixe comme dans « encolure ».

2. A. Sarrazin, *La cavale*, cité par J.-P. Colin et J.-P. Mével, *op. cit.*

3. H. Mitterand, *op. cit.*, p. 49. Ne pouvant rentrer dans les problèmes soulevés par cette notion, je considérerai comme composés, sans tenir compte du critère formel, peu fiable, du trait d'union, des mots qui « forment une unité de sens nouvelle, dont la signification dépasse celle de ses éléments pris isolément » (M. Riegel et al., p. 547), critère commode en français non standard en raison d'un emploi souvent figuré. Cf. également : *Langages*, n° 90, « Les expressions figées », Paris, Larousse, juin 1988.

On le voit, ces noms composés peuvent être des emprunts au français standard : *boîte à ouvrage, dé à coudre, pousse-café* ou des créations du français non standard : *couloir aux lentilles*.

Le gros mot peut être également un nom composé lui-même accompagné d'un modifieur : *trou-du-cul (du fion) mal centré*.

Il existe également des verbes composés de structure diverse : verbe + nom seul : *faire caca* ; verbe + nom avec déterminant : *mettre la merde*, *foutre sa merde*, *tirer un fil* ; pronom + verbe : *s'en foutre*.

On peut ajouter là les mots-valises[1] qui résultent non pas d'une concaténation, mais de l'imbrication d'au moins deux mots : *bézouka* (pénis), croisement de *baiser* et de *bazouka* ; *encaldosser,* croisement de *encaler* et de *endosses.*

D) *Locutions.* — Bien que la frontière entre mot composé et locution soit souvent imperceptible, je reprendrai la distinction habituellement faite et parlerai de « locution » dans le cas où, dans une lexie complexe, chaque constituant, qui peut avoir son autonomie syntaxique, a une autonomie sémantique.

Ces locutions sont en général des locutions verbales, de constitution variée, dont le verbe n'est pas un verbe support[2] :

— verbe + complément d'objet direct : *tremper son petit frère* ;
— verbe + complément prépositionnel : *téléphoner au pape, à Hitler* ;
— verbe + complément direct + complément prépositionnel : *mener Popaul au cirque ; mettre une brioche au chaud ; la mettre au chaud ; mettre le poisson dans le bocal ; avoir le flageolet à la portière ; avoir un portemanteau dans le pantalon.*

1. A. Grésillon, Mi-fugue, mi-raison. Dévaliser des mots-valises, in *DRLAV*, n° 29, 1983.
2. Sur la notion de verbe support, cf. M. Riegel et al., p. 232-233.

E) *Les phrases figées.* — Ce peuvent être des phrases nominales, à un terme, lequel correspond au propos[1] dans l'expression qui marque le refus ou l'exaspération *mon cul !,* le thème étant fourni par la situation, ou à deux termes, comme : *dans le cul, la balayette !* où le premier terme correspond au propos et le second au thème.

Ce peuvent être des phrases simples isolées, de structure déclarative : *C'est de la couille en barre*, à intonation exclamative : *je te pisse au cul !*, *je te pisse à la raie !*, ou interrogative, avec détachement, dans : *Et mon cul, c'est du poulet ?*[2]. Ce peuvent être aussi des phrases simples de type impératif : *fais pas chier ! occupe-toi de ton cul !*

Ce peuvent être des phrases juxtaposées asyndétiques : *Parle (cause) à mon cul, ma tête est malade.*

La phrase complexe n'est pas exclue, utilisant la subordination explicite : *Quand on fera danser les couillons, tu ne seras pas à l'orchestre*[3] *; si les cons volaient tu serais chef d'escadrille*[4] ; *si j'aurais* (sic) *couru plus vite que ton chien j'aurais été ton père,* ou encore une structure équivalant à une subordonnée : *Pour te branler il te faut le microscope !* La subordination peut aussi être implicite : *J'aurais ta tête à la place de mon cul, j'oserais même pas chier.*

La partie figée peut se limiter à une subordonnée. Ainsi trouve-t-on la subordonnée hypothétique *s'il court aussi vite que je l'emmerde (qu'il est con),* suivie d'une proposition au futur susceptible de variations : « S'il court aussi vite que je l'emmerde, il aura sûrement une médaille d'or aux jeux olympiques... »[5].

1. Cf. M. Riegel et al., *ibid.*, p. 457 sq.
2. Formule par laquelle on met en doute et on ridiculise les propos de quelqu'un, cf. Ch. Bernet et P. Rézeau, *op. cit.*
3. M. Pagnol, *Marius,* acte I, scène 4.
4. R. Dorgelès en donne une variante dans *Les croix de bois,* Paris, Albin Michel, 1919, « Le Livre de poche », p. 31 : « Si les cons nageaient, t'aurais pas besoin de bateau pour traverser la Seine. »
5. P. Réouven, 1987, cité par Ch. Bernet et P. Rézeau, *op. cit.*

F) *Autres formations.*

— L'aphérèse qui consiste en la chute d'un ou plusieurs phonèmes en début de mot. *Nouille* (pénis) s'explique ainsi par l'aphérèse de *panouille,* mot issu de *panne*, chiffon, mot du sud-est de la France. L'aphérèse est fréquente dans les jurons : *cré* de *sacré* (« Crés cochons »[1]), *tudieu* de *vertu Dieu.*

— L'apocope. Certains termes en effet s'expliquent par une apocope, chute d'un ou de plusieurs phonèmes en fin de mot. La finale peut être vocalique, l'apocope pouvant porter sur le deuxième élément d'un recomposé (*homo*, qui résulte de la troncation d'*homosexuel)*, ou bien sur la syllabe finale d'un mot simple, ce qui explique *pédé* à partir de *pédéraste*, *clito* à partir de *clitoris*, ou d'un dérivé : *emmerde* à partir de *emmerdement*. La finale peut être consonantique : *fouf (foufoune)*, *trouduc* (trou-du-cul). L'abréviation peut ne se produire qu'à l'intérieur d'un syntagme : *sans déc* (*sans déconner)*.

— La syncope : *fiotte* (homosexuel), réduction du franc-comtois *fillotte*, petite fille.

— La réduplication (ou redoublement) comme dans *Popaul*, *frifri*.

— Les formations onomatopéiques expressives comme *zigouigoui*.

Quelques termes s'expliquent par des déformations, spécifiques de certains argots et plus complexes :

— Le largonji, notamment le largonji des loucherbems, argot pratiqué par les bouchers de Paris, qui consiste à substituer à la consonne initiale du mot un l et à reporter cette consonne initiale à la fin du mot dans le largonji et, dans le loucherbem, à la faire suivre d'un suffixe à initiale vocalique qui est en principe -em (-ème) (d'où loucher-b-em, louchébem ou louchébème ; à loilpem, à poil)[2], mais peut être aussi

1. Maupassant, Un normand, *Contes et nouvelles*, Pléiade I, p. 580.

2. Cf. M. Plénat, Morphologie du Largonji des loucherbems, *Langages,* 78, 1985, p. 73-122 et F. Robert L'Argenton, Larlepem largomuche du louchébem, *Langue française* 90, mai 1991, p. 113-125.

-é, -ès[1], -ique, -oc ou -uche. C'est ce que l'on a dans *lopaillekem* (homosexuel) à partir de *copaille,* dérivé de *copain*.

— Le javanais, qui consiste dans l' infixation de la syllabe -av (variante : -ag) avant le noyau vocalique, en principe dans chaque syllabe[2]. Ainsi s'explique *chagatte* à partir de *chatte*.

— Le verlan[3] qui consiste dans une interversion de phonèmes (*uk* à partir de *cul*) ou de syllabes dans le cas de plurisyllabes ou de monosyllabes à syllabe fermée (mère). Le verlan ramène en effet ce type de monosyllabes à une séquence dissyllabique : C(onsonne) V(oyelle) + CV par l'adjonction d'un phonème vocalique (= e caduc). Ainsi peut-on avoir : *teu-bi* (bite). Ces formes subissent souvent une troncation, d'où *teub, teuch* (chatte), *tainp* (putain), *va te faire ken* (niquer).

Plusieurs procédés peuvent se combiner comme dans *foufounette*, formation expressive qui comporte le suffixe diminutif -ette ainsi que le redoublement de la syllabe initiale, *founette* étant également attesté.

G) *Les emprunts.* — Les gros mots enfin recourent à l'emprunt, notamment à l'anglais : *fuck you* (va te faire foutre !) ; *fuck* (enculé !).

2. **Particularités morphosyntaxiques.** — Il faut par ailleurs noter certaines particularités d'ordre morphologique, portant sur le nombre ou le genre du nom ou s'agissant du verbe, sur la forme ou la construction, ce qui est plus proprement syntaxique.

A) *Le verbe.* — Il faut noter les deux infinitifs *ficher* et *fiche (va te faire fiche !)*, *fiche* étant une réfection sur *foutre*, tout comme l'est le participe *fichu* sur *foutu*.

1. *Lonquès* : con, cf. A. Doillon *op. cit.*, p. 64.
2. Cf. G. Esnault, *op. cit.*
3. G. Esnault, *ibid.*, écrit vers-l'en. Sur le verlan, cf. V. Méla, Le verlan ou le langage du miroir, *Langages,* n° 101, mars 1991, p. 73-94.

Certains verbes tabous ne le sont que sous une forme. *Faire* n'a le sens de « posséder sexuellement » qu'à la forme pronominale : *se faire* quelqu'un. Par ailleurs, certains verbes peuvent être employés transitivement ou intransitivement avec, évidemment, une différence de signifié : *miser* tr. : « posséder sexuellement » ; intr. : « coïter ».

B) *Le nom : problèmes de genre.* — Il faut tout d'abord rappeler, ce que l'on a eu l'occasion de remarquer, la valeur dévalorisante du féminin. *Lope*, issu de *copain*, est du féminin, mais se dit d'un homme. L'homosexuel est d'ailleurs souvent désigné par des termes du féminin *(caroline, pédale, tante, tapette)*. Nombre d'injures, qu'elles aient ou non pour référent la femme ou son sexe, sont du féminin et peuvent s'appliquer aux hommes : *connasse, salope*[1].

Certains termes, on l'a vu, ne s'emploient qu'au féminin, preuve linguistique du sexisme culturel : *pisseuse, mal-baisée*.

D'autres termes hésitent entre masculin et féminin. *Emmerde*, abréviation de *emmerdement,* devrait en principe être du même genre. Or J.-P. Colin[2] et F. Caradec[3] le donnent comme seulement féminin[4] et J. Cellard et A. Rey[5], comme masculin et féminin. C'est qu'*emmerde* peut aussi être considéré comme un déverbal de *emmerder* ; dans ce cas « le genre féminin est associé à un niveau de langue inférieur »[6]. Il faut dire que le mot s'emploie le

1. Cf. M. Yaguello, *Les mots et les femmes,* Paris, Payot, 1982. Céline emploie *salope, andouille, charogne* au masculin : « un salope navrant », *Guignol's band,* p. 107, Pléiade, Romans III ; « Salut ! Gros andouille ! », *Casse-pipe,* p. 25, *ibid.* ; « Ce charogne ! », *Casse-pipe,* p. 39, *ibid.*

2. Cf. J.-P. Colin et J.-P. Mével, *op. cit.*

3. *Op. cit.*

4. « Toutes les emmerdes », D. Pennac, *La fée Carabine,* Paris, Gallimard, 1987, « Folio », p. 37.

5. *Op. cit.*

6. Cf. *démerde, baise, bouffe, fauche, plonge,* cf. M. Roché, La variation non flexionnelle du genre des noms, à paraître dans *Cahiers d'Études*

plus souvent seul au pluriel, avec un déterminant article défini ou indéfini, ce qui permet d'éviter tout problème ![1]

Les noms qui n'ont qu'une seule forme et un genre propre posent un problème particulier dès lors qu'ils entrent dans une structure du type : un fripon d'enfant, c'est-à-dire N1 de N2, où ils correspondent à N1. Ou bien le déterminant de N1 s'accorde avec N1 et non pas avec N2 : *cette vache de Paul, ce chameau de Marie,* ou bien le déterminant de N1 s'accorde avec N2 : « ma con de bonne femme ! »[2] *cette chameau de Marie !, ce vache de Paul !*, « ce saloperie de vent ! ». Ces noms peuvent donc voir leur genre déterminé par N2[3].

Par ailleurs, certaines irrégularités de genre ne doivent pas manquer de surprendre, notamment dans *par la corbleu, par la sangbleu* ou *par la sacrebleu. Par la sangbleu* apparaît comme une forme exceptionnelle à côté de *par le sang bleu* ; en revanche si *par le corps Dieu est* attesté chez Rabelais[4], *par la corbleu* paraît la forme courante[5]. Dans *par la sacrebleu,* le féminin paraît le seul genre usité : en 1642 est attesté *par la sacre-bleu !* et c'est encore le féminin qui figure dans la variante régionale employée par Vadé au XVIIIe : *par la sacredié !*[6]. Sans doute faut-il voir là la constitution d'un paradigme par analogie avec des formes dans lesquelles le féminin est tout à fait normal telles que *par la mort de Dieu* attesté au XIIe ou *par la mort diene*[7] ou encore *par la teste Dieu*[8].

romanes.

1. « Du moment qu'on lui évite les emmerdes, elle est d'accord », T. Jonquet, *La vie de ma mère !,* Paris, Gallimard, 1994, p. 30.

2. Cf. P. Perret, *Jurons, gros mots et autres noms d'oiseaux,* Paris, Plon, 1994.

3. Cf. J.-C. Milner, *De la syntaxe à l'interprétation,* Paris, Seuil, 1978, p. 192-193 et M. Grevisse, *Le bon usage*, Gembloux, Duculot, Paris, Hatier, 1964, p. 246-247.

4. Rabelais, *Gargantua,* XXVII.

5. C'est ainsi que l'emploie G. Sand dans *Le meunier d'Angibeau,* cf. *TLF.*

6. Cf. *TLF.*

7. Rabelais, *Le Quart Livre,* XIII.

8. Cf. *FEW.*

C) *Le nom : problèmes de nombre.* — Il arrive qu'un terme change de signifié selon le nombre ; c'est le cas de *bonbon* qui au singulier désigne la vulve et au pluriel les testicules dans la locution verbale *casser les bonbons*. C'est en raison du référent que les désignations des testicules sont toujours au pluriel, qu'il s'agisse de noms : *olives*[1] ou d'adjectifs : *joyeuses, douillettes*.

D'autre part, les testicules sont dans plusieurs expressions désignés par un pronom personnel complément pluriel : *se les geler, tu me les casses*. Ce peut aussi être *en* quand entre dans l'expression l'élément de quantification *une paire* : *en glisser une paire*. Le pénis, lui, est représenté par un pronom complément féminin singulier : *la mettre à quelqu'un* ; *la mettre au chaud*.

Le pluriel peut être rendu par *bande de*, *tas de*, qui jouent en même temps le rôle de supports, de présentatifs du mot injureux : *bande de cons*, *bande d'emmerdeurs*, *bande de glandeurs*, *bande d'enfoirés*, *tas de fumiers*. Mais ce ne sont pas forcément les mêmes qui constituent une *bande* ou un *tas*. *Tas de vaches*[2] et *bande de vaches*[3] sont attestés, mais avec *salauds* et *cons, bandes* paraît préféré à *tas* ! Ces termes ne sont donc pas forcément interchangeables. R. Edouard[4] note que *bande* « s'emploie pour étendre à un groupe une injure qui, appliquée à un seul individu, est habituellement précédée d'*espèce* ». La réalité ne paraît pas aussi simple. On dira peut-être *espèce de saligaud*, *espèce de con* et *bande de saligauds* ou *bande de cons*, mais à *espèce de fumier !* paraît correspondre[5] *tas de fumiers* plutôt que *bande de fumiers !* Cette différence d'emploi est sans doute à mettre en relation avec le fait que les noms collectifs *tas* et *bande* fonctionnent tous deux

1. *Balustrine* est selon J. Cellard et A. Rey, *op. cit.*, inusité au pluriel, bien qu'ils citent un exemple où le mot est au pluriel !
2. R. Dorgelès, *op. cit.*, p. 87 et p. 224.
3. J. Galtier-Boissière, *La fleur au fusil*, Paris, Mercure de France, 1980 p. 184.
4. *Op. cit.*, p. 348.
5. Comme l'indique R. Edouard lui-même, *ibid.*, p. 450.

comme déterminants quantifieurs, mais que *tas* s'applique à des inanimés concrets (un tas de cailloux, de fumier), tandis que *bande* s'applique aux humains (bande d'enfants) ou aux animaux (bande de brochets)[1]. Jouent sans doute aussi des raisons d'euphonie, *bande de* comportant une syllabe de plus que *tas de* (*band(e) de cons,* 3 syllabes ; *tas d(e) cons,* 2 syllabes) et s'employant pour cela de préférence avec les monosyllabes, surtout quand ces derniers sont constitués d'une syllabe ouverte. Ainsi trouve-t-on « tas d(e) connards »[2], mais plutôt *band(e) de cons*.

D) *L'expression du superlatif.* — Concernant des termes péjoratifs elle mérite qu'on en parle car elle est particulièrement riche. Le superlatif peut s'exprimer par les adjectifs suivis du nom complément : *le pire,* au superlatif, ou encore *le dernier*, qui par lui-même a une valeur superlative : *le pire*, *le dernier des salauds* ; par l'adjectif antéposé *beau*, *belle*, lequel constitue à la fois une litote et une antiphrase : *un beau salaud, une belle conasse*, ou encore par les participes-adjectifs *fini* qui se postpose : *un con, un salaud fini* ou *foutu* qui s'antépose : *un foutu salaud.* Bien que *foutu* serve à l'expression du superlatif, il faut remarquer que ce terme, sauf exception *(une fille bien foutue),* est dépréciatif : *un foutu caractère*, ou s'emploie dans un co(n)texte marqué négativement : *il est mal foutu* (malade ou mal fait physiquement) ; *il n'est pas foutu d'arriver à l'heure* ; *il est foutu d'arriver* (ce qui présuppose que cette arrivée n'est pas souhaitée). Est également susceptible d'avoir un effet de renforcement l'adjectif antéposé *triple* : *triple con !*[3]. *Con*, à l'inverse, peut entrer dans une expression litotique qui indique l'intelligence extrême : *c'est (t'es) pas la moitié d'un con.*

1. Cf. P.-A. Buvet, *Les déterminants nominaux quantifieurs,* thèse de doctorat, Université Paris XIII, octobre 1993, non publiée.
2. P. Djian, *50 contre 1,* 1981, « J'ai lu », p. 83.
3. Au Sénégal, la bêtise extrême est géométrique et le *triple con* ou *triple couillon* est *un con* ou *un couillon carré* ; cf. L. Depecker, *op. cit.*

On peut disposer également des syntagmes nominaux : *le roi des...* ou *la reine des...* : *tu es le roi des cons, le roi des jean-foutre, la reine des emmerdeuses* ou encore *la crème* : *la crème des andouilles,* « La crème de pire, de fin fumier ? »[1]. Ces termes peuvent être employés en apostrophe, *roi* probablement moins fréquemment que *crème* : *roi des cons !*, *crème d'andouille, crème de con !* Il faut remarquer que lorsque *crème* est ainsi employé, le nom qui suit est sans déterminant : *crème de fripouille, crème de nave, crème d'ordure*[2], ce qui lui donne une valeur générale et renforce la valeur superlative de l'ensemble. *Fleur* a exactement ce même emploi : *fleur de nave !,* mais il est à noter qu'avec un terme péjoratif tel que peut l'être une insulte, *fleur* ne figure guère qu'en apostrophe, alors qu'en français standard il s'emploie comme n'importe quel terme, avec pour complément un nom à connotation positive : *la fleur de la chevalerie.*

Ces diverses expressions ne sont pas interchangeables, pour des raisons syntaxiques, d'une part. *Crème* et *fleur* sont employés, le premier de préférence, le second, exclusivement, en apostrophe-apposition, alors que *le roi* s'emploie moins en apostrophe que comme syntagme attribut. D'autre part, si *le roi* et *le dernier* peuvent commuter et apparaître en tout cotexte, *crème* et plus encore *fleur* paraissent limités dans leurs cooccurrences : *fleur d'emmerdeur !* semble peu probable.

Autres moyens de renforcement :

— la comparaison : *con comme une valise*, *se faire chier comme un rat mort*, certaines n'étant pas très claires : *pédé comme un phoque, couillon comme un chien jaune, con comme une allumette*[3].

— l'infinitif prépositionnel à valeur consécutive : *con à bouffer de la paille, de la bite.*

1. Céline, *Casse-Pipe,* p. 33, Pléiade, Romans III.
2. *Ibid.*, p. 40.
3. Cf. A. Doillon, *op. cit.*, p. 7.

E) *Le renforcement du juron.* — *Sacré* permet de renforcer *nom de Dieu*[1] ou ses équivalents : *sacré nom d'un chien, sacré nom d'un petit bonhomme, sacré nom de nom.* Existent des variantes avec aphérèse de *sacré* : « cré bon Dieu »[2], *cré nom de nom* ou sous une forme tronquée : *cré nom. Sacré* peut aussi renforcer n'importe quel juron : « sacré mille tonnerres »[3]. Le renforcement le plus fréquent se fait par réduplication, c'est-à-dire par la répétition d'un même juron, *de,* dont on a parlé plus haut, constituant un outil de jonction : *Nom de Dieu de Nom de Dieu de Nom de Dieu, Bon Dieu de Bon Dieu, Bon sang de bon sang !* Certains jurons n'apparaissent même que sous cette forme renforcée : *Bonsoir de bonsoir ! De* met aussi en relation des jurons différents : *bordel de merde, putain de bordel de merde* ; des jurons et des injures, et des injures entre elles : « Sacré nom de dieu de jean-fesse ! »[4], « Des nom de Dieu de maquereaux de trous du cul pareils ! »[5], « — Ordures de saloperie de bougnoules ! il a gueulé »[6] et permet d'accrocher un juron à n'importe quel nom, injurieux : « Cornichons de zouaves de tonnerre de Brest », ou pas « cette amnésie de tonnerre de Brest »[7]. Flaubert, curieusement, utilise *de* entre *sacré* et le juron, accordant ainsi à *sacré* le statut d'un juron indépendant : « *Ah sacré de nom de Dieu !* »[8]

Le renforcement se fait aussi par l'expression d'un nombre, grâce à un nom : « milliard de Dieux ! »[9] ou plus couramment par le déterminant numéral cardinal *mille* qui peut se combiner avec un nom indiquant le nombre,

1. Céline, *Casse-Pipe,* p. 36, Pléiade, Romans III.
2. Courteline, *Les gaîtés de l'escadron,* Paris, Flammarion, 1971, p. 117.
3. G. Boissière, *op. cit.,* p. 154.
4. E. Pouget, *Le Père peinard,* Paris, Éditions Galilée, 1976, p. 201.
5. Céline, *Casse-Pipe,* p. 44-45, Pléiade, Romans III.
6. T. Jonquet, *op. cit.,* p. 41.
7. Hergé, *Objectif lune,* Casterman, 1953, p. 11, p. 47.
8. Lettre à Louis Bouilhet, 15 janvier 1850, *Correspondance I,* Pléiade, p. 573.
9. H. Vincenot, *op. cit.,* p. 43.

ce qui aboutit, selon ce qui suit, à une multiplication : « Mille millions de diables ! »[1], ou à ce qui n'est en fait que la simple concaténation, grâce à *de,* d'un juron et d'une indication numérique, qui ainsi devient en quelque sorte autonome : « mille millions de mille sabords ! »[2]. On retrouve ce même type de renforcement, cette fois par une locution adverbiale, dans le cas d'une injure phrastique : *je t'encule mille fois !*

Les procédés de renforcement peuvent évidemment se combiner : *sacré mille tonnerres !*

II. — Syntaxe

Les gros mots peuvent relever de plusieurs classes grammaticales, de toutes celles auxquelles appartiennent les morphèmes lexicaux. On l'a vu, ce peuvent être en effet des noms : *bite*, *couille, mouscaille* ; des adjectifs : *dégueulasse*, *emmerdant* ; des verbes : *chier*, *calcer* ; des adverbes : *connement, foutrement* ; des interjections : *fichtre !*, *foutre !*

Les classes grammaticales perdent en français non standard leur étanchéité et les phénomènes de dérivation impropre sont fréquents : substantivation, dans les locutions adverbiales à fonction d'adjectif, de termes appartenant à des classes grammaticales diverses : *à la mords-moi le nœud* ; nom employé comme interjection : *merde ! chiotte !* Nombreux sont les termes employés à la fois comme nom et adjectif : *con, salaud, démerde, démerdard.*

Il est des mots qui peuvent avoir des fonctions très diverses : *connerie* par exemple, ou plus encore les noms *con* et *cul* qui ont un emploi adjectival et peuvent donc avoir toutes les fonctions du nom, sujet : « pour que tous ces c...-là se fassent bigorner »[3], « ce petit con a foutu le feu à son collège »[4], attribut du sujet : « je suis

1. Musset, *Lorenzaccio,* 1834, cité dans le *TLF.*
2. Hergé, *op. cit.,* p. 4.
3. R. Dorgelès, *op. cit.,* p. 53.
4. D. Pennac, 1987, *op. cit.,* p. 81.

un c... »[1], du complément d'objet : « Tu m' prends pour un c... »[2], complément de verbe : « il n'y a qu'à ne pas jouer au c... »[3], complément d'agent : « C'est malheureux aussi d'être conduits par des c... ! »[4], apostrophe : « Vas-tu te taire, grand c... »[5], mais aussi celles de l'adjectif : épithète « un air con »[6] ou attribut : « on s'rait aussi con que lui »[7]. Ces mots ne présentent donc pas d'intérêt particulier.

Il convient toutefois de noter quelques traits syntaxiques caractéristiques des noms et adjectifs injurieux, dits « noms » et « adjectifs de qualité »[8]. Ils s'emploient notamment dans la structure : ce salaud de Bertrand (*ce boulanger de Bertrand) et en position détachée[9] : « I's... sont tombés dans not'trou... comme des taupes dans un piège à mâchoire, ces cons-là »[10].

En fait, les gros mots ont souvent des emplois syntaxiquement définis, qu'ils relèvent de l'interjection ou qu'ils s'emploient en apostrophe (dans les deux cas, ils sont spécifiques du discours direct), ou encore qu'ils entrent dans des structures phrastiques précises. Même les termes dont le fonctionnement paraît le plus libre s'insèrent dans un certain nombre d'expressions toutes faites : *à la con, tours de con, faire le con, se retrouver comme un con, c'est pas la moitié d'un con, si les cons volaient tu serais chef d'escadrille.*

1. **L'interjection.** — L'interjection constitue une classe grammaticale à part, dans laquelle se rangent les jurons. En effet, si toutes les interjections ne sont pas des jurons, tous les jurons sont des interjections.

1. R. Dorgelès, *op. cit.*, p. 111.
2. *Ibid.*, p. 100.
3. *Ibid.*, p. 377.
4. J. Galtier-Boissière, *op. cit.*, p. 89.
5. R. Dorgelès, *op. cit.*, p. 224.
6. H. Barbusse, *op. cit.*, p. 97.
7. *Ibid.*, p. 151.
8. Cf. J.-C. Milner, *op cit.*
9. Cf. N. Ruwet, *Grammaire des insultes et autres études*, Paris, Seuil, 1982, p. 239-314.
10. H. Barbusse, *op. cit.*, p. 49.

Certains mots ne sont qu'interjection : *fichtre !* (combinaison de *ficher* et de *foutre*, dont *ficher* n'est qu'une variante).

Sont aussi interjections des noms, le plus employé étant certainement *merde*, qui a pour variante le synonyme *crotte !* Mais on peut également citer *putain* : « Putain, Cercaire, ça ripe sur la glace ! »[1], *bordel* : « — Va ouvrir, bordel ! »[2], ainsi que toutes les expressions comportant *Dieu*, qui sont considérées comme des jurons.

Sont interjections un certain nombre de syntagmes nominaux équivalant à une négation, et comportant ou non un déterminant : *peau de balle !, balpeau !, peau de zébi !, peau de balle (bite) et balai de crin ! (la peau de) mes burnes ! mon cul !*[3], expression qui peut avoir des développements : *mon cul sur la commode ! (dans la marine à voile !*[4]*).*

Le nom n'est pas la seule catégorie grammaticale à pouvoir être interjection. Il y a aussi l'adjectif : *Mince !* variante de *merde* ; le verbe : *foutre !*

Les interjections peuvent former un énoncé à elles seules ; dans ce cas, elles équivalent à une phrase : « Un homme, qui bute contre une pierre, lâche : – Ah ! merde ! »[5]. Ou bien, elles constituent un commentaire du locuteur sur son énoncé ; elles modalisent la phrase, sans s'intégrer à sa structure[6]. L'interjection peut alors précéder l'énoncé : « Merde ! Ça y était, je le tenais bon »[7] ; « — Nom de Dieu ! ce sont nos 155 qui tirent sur nous ! »[8] ; « Ah nom de Dieu ! que je me marre ! »[9] ;

1. D. Pennac, 1987, *op. cit.*, p. 25.
2. *Ibid.*, p. 105.
3. « — Peut-être étaient-ce les médicaments du vieil Amar. Je sais qu'il souffre de rhumatismes. — Mon cul », D. Pennac, *ibid.*, p. 88.
4. A. Blondin, *L'Europe buissonnière*, 1949, cité dans Ch. Bernet et P. Rézeau, *op. cit.*
5. J. Galtier Boissière, *op. cit.*, p. 163.
6. Cf. M. Riegel et al., *op. cit.*
7. Céline, *Casse-pipe*, p. 43, Pléiade, Romans III.
8. J. Galtier-Boissière, *op. cit.*, p. 169.
9. R. Fallet, *Le beaujolais nouveau est arrivé*, Paris, Denoël, 1975, « Folio », p. 89.

« Ah ! crotte ! vlà la “lansquine” qui repique ! »[1] ou le suivre : « — Baissez-vous donc, nom de Dieu ! »[2].

Certaines interjections peuvent même s'insérer dans la phrase, pour souligner la négation : « ce n'était foutre pas pour les beaux yeux du roi »[3], ou dans le syntagme nominal, où elle renforce soit le nom : « Vous pouvez pas savoir ce qu'elle peut m'emmerder, cette nom de Dieu de connasse ! »[4], soit le modifieur : « Un temps de nom de Dieu... de Dieu de vache ! »[5]

On le voit, les interjections-jurons s'ajoutent souvent à une autre interjection, notamment *ah* : « — Ah putain ! a grogné Henri »[6] ; « — Ah ! foutre ! »[7]. Elles peuvent être modifiées par un adverbe : *Merde alors !*

Certaines peuvent être suivies d'un complément entretenant avec le mot recteur des relations de nature diverse[8] ; ce nom complément peut en effet correspondre au nom caractérisé, le mot recteur étant le caractérisant, qui prend une valeur prédicative : « — Putain de vie ! »[9] ; « — Mince de paletot, remarque Tirette devant une capote qui passe, infiniment rapiécée, de tous les bleus »[10], ou bien ce peut être un complément véritable du mot employé comme interjection : *merde aux chefs,* « Merde pour le dernier homme, se dit-il, et pour Junie, et pour le besson. Merde pour tous »[11].

2. **L'apostrophe.** — La fonction privilégiée des injures est l'apostrophe, par laquelle est désignée la personne à qui s'adresse le locuteur, et qui, séparée du reste de la

1. J. Galtier-Boissière, *op. cit.*, p. 183.
2. *Ibid.*, p. 124.
3. M. Aymé, *Vogue la galère,* 1944, cité dans le *TLF.*
4. R. Fallet, 1975, *op. cit.*, p. 79.
5. F. Carco, *Brumes*, Paris, Albin Michel, 1935, « Poche », p. 40.
6. Ph. Djian, *op. cit.*, p. 132.
7. H. Barbusse, *op. cit.*, p. 29.
8. Cf. M. Riegel et al., *op. cit.*, p. 188 et p. 463.
9. P. Djian, *op. cit.*, p. 192.
10. H. Barbusse, *op. cit.*, p. 39.
11. J. Giono, *Le chant du monde,* Paris, Gallimard, 1934, « Folio », p. 63.

phrase par une pause, n'a pas de véritable fonction syntaxique : « — Tourne-toi, salope. — C'est la première fois qu'on m'appelle salope. »[1], « — Enfoiré, t'as du chloroforme ? »[2], « — Salut, enculé, il m'a dit. »[3], « — Bas les pattes, tas de connards ! ! ! »[4], « — Appelle-moi comme tu veux, tête de fiente. »[5] Désigner quelqu'un par un gros mot, c'est en effet l'injurier.

Le nom en apostrophe peut être ou non déterminé et s'il est déterminé, il ne peut l'être que par les déterminants article défini ou possessif de première personne.

Quand le terme injurieux est précédé d'un déterminant, il s'agit en général du déterminant possessif, mais celui-ci ne figure pas avec n'importe quel terme. On trouve ainsi « — Au rasoir que je vais te travailler, mon salaud ! »[6] « Faudrait savoir, mes empaffés ! »[7], « — Ah, tu t'en sors bien, mon fumier ! »[8]

En général, cependant, les injures apparaissent sans déterminant.

Certains termes peuvent fort bien s'employer seuls. Ce peuvent être des mots : *canaille, fumier*, *con(n)ard*, *salaud*, *enculé, bâtard, pute* ou des expressions : *résidu de capote*, *couille molle*.

Toutefois, très souvent, en raison de leur brièveté, les mots injurieux n'apparaissent pas seuls. Ils ont besoin d'un support.

— Ce support peut être un adjectif en général antéposé, très souvent *sale* : *sale con, sale pute, sale andouille* ; mais aussi *petit* : *petit con, petit salopard, petit merdeux* ; *grand* : *grand couillon, grand saligaud* ; *gros* : *gros con, gros couillon, grosse connasse* ; *vieux* : *vieux con, vieux salaud* ; *pauvre* : *pauvre con, pauvre couillon,* « pauvre

1. Berroyer, *op. cit.*, p. 169.
2. P. Djian, *op. cit.*, p. 188.
3. *Ibid.*, p. 61.
4. *Ibid.*, p. 83.
5. D. Belloc, *op. cit.*, p. 106.
6. P. Djian, *op. cit.*, p. 101.
7. Céline, *Casse-pipe,* p. 8, Pléiade, Romans III.
8. Berroyer, *op. cit.*, p. 65.

casse-couilles ! »[1] ; *sacré* : *sacré fumier, sacrée couillasse* ; *foutu* : *foutu con* ; *sinistre* : *sinistre con* ; *sombre* : *sombre connard* ; *triste* : *triste con.* Certains adjectifs se postposent : *brute épaisse* ; *imbécile heureux*.

Ces qualificatifs, de sens parfois opposé (*grand/petit* ; *sacré/infâme*) ont à l'évidence une fonction essentiellement expressive[2]. Toutefois, ils ne sont pas forcément interchangeables : *pute épaisse* par exemple serait ambigu.

— Certains termes, qui en eux-mêmes ne sont nullement des gros mots, fonctionnent comme introducteurs de l'injure ; c'est le cas de *face* ou *espèce*.

Face introduit le plus souvent un nom ou un participe substantivé qui peuvent être sémantiquement très divers. Il est alors suivi de la préposition *de* : *face de*. Ou bien ce nom est un mot réputé interdit et injurieux : *face de cul, face de con*[3], *face de nœud, face d'enflé*. Ce nom peut d'ailleurs être suivi d'un complément : *face de pet (trou du cul) de mammouth.* Ou bien ce nom n'est en rien tabou et *face de* est alors plus qu'un simple présentatif ; il suffit à donner au nom qui suit une valeur injurieuse : *face de teckel ! Face de* est ainsi suivi souvent de noms d'animaux variés : *face de rat*, *face de chacal*, mais pas uniquement : *face de lard*, *face de pygmée à dents cariées*. A *face* peut se substituer le synonyme *gueule* : *gueule de con, de cul, de chiasse.*

Face peut être suivi également d'un adjectif : *face moche*, *face bouffie*.

Tête peut avoir le même fonctionnement, mais il paraît d'un emploi moins fréquent et plus limité : *tête de con, tête d'abruti, tête de lard. Tronche*, qui en est le synonyme argotique, a le même emploi : *tronche de macaque, de bite, de cake.*

Espèce ne peut être suivi que d'un syntagme prépositionnel : c'est toujours *espèce de.* Le nom qui suit peut

1. Céline, *Casse-pipe,* p. 8, Pléiade, Romans III.
2. Cf. J.-C. Milner, *op. cit.*, p. 208.
3. En Provence, *facho de con,* cf. J.-Cl. Bouvier et Cl. Martel, p. 162.

être, comme après *face*, un nom d'animal à valeur métaphorique ou un nom employé par ailleurs métaphoriquement avec une valeur injurieuse : *espèce de dinde, de chameau* ; *espèce de cornichon, de patate, de ballot, de chiffe molle, de cloche. Espèce de* est en effet souvent suivi d'un terme tabou et/ou injurieux en soi, nom : *espèce de con, de couillon, d'andouille, de jean-foutre, de sans-couilles* ; adjectif ou participe employé comme nom : *espèce d'idiot, de minable, de bouseux, d'impuissant* ; *espèce de dégonflé, espèce d'enculé.*

Peut avoir ce même emploi *bougre*, alors suivi de la préposition *de : bougre d'andouille, de salopard.* A la différence des mots précédents, *bougre* est un juron et peut donc s'employer seul : « Le marquis de Saint-Loup-en-Bray ! Ah ! bougre ! s'était-il écrié, usant du juron qui était chez lui la marque la plus forte de la déférence sociale. »[1]

Ces présentatifs peuvent être employés avec certains termes de façon indifférente, preuve qu'ils ont bien le même fonctionnement : *espèce de con, tête de con.* Toutefois *espèce de* en raison de son signifié peut s'employer avec n'importe quel mot, ce qui n'est théoriquement pas le cas de *tête de*[2].

Plusieurs supports peuvent se combiner : *espèce de vieux salaud* ; *espèce de sale grognasse* ; *espèce de petit salopard* ; « espèce de tête de con habillé en dimanche »[3].

Il faut ajouter à ces présentatifs *enfant de*[4], *fils de* ou *graine de* qui apparaissent de préférence avec certains noms : *enfant de salaud, fils de pute*[5], *graine de salope.*

— L'apostrophe peut s'insérer dans une phrase commençant par *Va*, qui a alors une fonction de présentatif

1. Proust, *A l'ombre des jeunes filles en fleurs,* 1918, cité dans le *TLF.*
2. On entend cependant : *tête de bite, de nœud, de gland.*
3. D. Belloc, *op. cit.*, p. 77.
4. En provençal *fan de* est la structure injurieuse la plus répandue : *fan de pute, de garce, d'une chine, de lune...*, cf. J-Cl. Bouvier et Cl. Martel, *op. cit.*
5. *Filz a putain* est une injure commune dès le XIe.

de l'injure ; *va* est alors suivi de *donc* et le terme injurieux est précédé de l'interjection *eh* : *va donc, eh conasse, couillasse*.

3. **La phrase nominale exclamative.** — Tous ces termes qui peuvent être employés en apostrophe : « Comme ça tu l'repères et tu sais où il est, et tu peux l'toucher, tête de con habillé en dimanche ! »[1] peuvent constituer à eux seuls une phrase nominale exclamative : « — Et comment que j' pourrai la sauter si qu'elle vient avec son mec, hé ? ! Tête de con habillé en dimanche ! »[2]. Ils ont alors valeur prédicative ; dire à quelqu'un *salaud !* revient à lui dire *tu es un salaud !* C'est la structure fondamentale par laquelle se formule l'injure.

Le terme injurieux a également cette valeur prédicative quand il concerne une tierce personne. Comme l'énoncé est de type exclamatif, le déterminant est alors l'exclamatif *quel* : *quel con !* Le déterminant peut aussi être l'article défini : *le con !* « T'en fais pas, elle serait pas venue, l'autre, si elle se sentait pas soutenue ! ah, la salope ! T'as vu ça la morue, comment elle y a été ? ah, l'enculée ! »[3].

Il est à noter que l'injure peut se formuler de cette manière, même en présence du destinataire. Le déterminant le plus employé dans ce cas paraît être le déterminant exclamatif : *quel con !* = quel con tu es ![4]. Elle peut même avoir cette forme, adressée à soi-même par un phénomène de distanciation : « — Merde ! que je suis con, excusez-moi. Merde, quel con ! que je suis manche ! »[5]

Le terme injurieux concernant une troisième personne peut aussi être introduit par « tu parles de », ce qui suppose la présence d'un témoin effectif : « — Tu parles d'un

1. D. Belloc, *op. cit.*, p. 109.
2. *Ibid.*, p. 120.
3. Berroyer, *op. cit.*, p. 178.
4. On peut toutefois trouver un autre déterminant : « – J'm'ai trompé, y a du pinard. – C't'emmanché-là ! fait l'homme de corvée [...] en lui lançant un regard d'indicible mépris. Mets tes lunettes à vache, si tu n'y vois pas clair ! », Barbusse, *op. cit.*, p. 24.
5. Berroyer, *op. cit.*, p. 124.

salaud ! (...) ; si ça ne mériterait pas qu'on saccage sa cambuse ! »[1], ou fictif.

C'est en raison de la fréquence de ces deux types d'emploi : en apostrophe ou dans une phrase nominale exclamative que gros mot et injure ont pu être tenus pour équivalents.

Le plus souvent, termes employés comme injures et termes employés comme jurons diffèrent, mais pas toujours. *Putain* peut ainsi être employé en apostrophe, ou bien avec valeur prédicative dans une phrase nominale exclamative : « C'était Respellière [...] qui n'avait pas supporté de voir sa femme pelotée par un simple soldat. On entendit : "Putain !" et une claque »[2], ou encore, selon son emploi quasi exclusif actuellement, comme interjection : « — Oh putain c'est infect ! T'as changé l'huile de ta friteuse quand ? »[3]

4. **Le gros mot et la phrase.** — Quand ils ne sont pas interjections ou employés en apostrophe, les gros mots s'insèrent souvent dans des structures phrastiques définies, qui se différencient par le jeu des pronoms, essentiel.

— Le sujet est le pronom personnel « je ». La phrase est de structure déclarative, la valeur exclamative étant donnée par l'intonation. Le pronom sujet peut figurer seul : *je m'en mordrai les couilles* ! Le plus souvent, on s'en doute, le destinataire est représenté sous la forme du pronom de deuxième personne : *je t'emmerde !, je t'encule !* Le temps le plus employé est évidemment le présent, mais on trouve fréquemment aussi la forme périphrastique du futur qui indique un futur immédiat, menaçant : *je vais t'éclater la tête, je vais te péter ta sale gueule.*

— Le pronom sujet est « tu ».

La phrase peut être de type déclaratif. Elle peut comporter un verbe et un attribut : *t'es chiant, t'es con, t'es fini à la pisse.* On trouve plus fréquemment la variante introduite

1. J. Galtier-Boissière, *op. cit.*, p. 73.
2. Aragon, *Les beaux quartiers,* 1936, cf. *TLF.*
3. D. Belloc, *op. cit.*, p. 37.

par *ce que* qui a l'avantage de marquer plus nettement l'exclamation que la simple intonation, sans rien changer à la structure de la phrase : *c'que t'es...* ou *c'que tu peux être con, salaud.* Elle peut avoir la structure : verbe et éventuellement complément d'objet. Dans ce cas ou bien le destinateur n'est pas représenté : *tu pues, t'as pas de couilles (au cul),* ou bien il est représenté par un pronom complément de première ou de quatrième personne : *tu m'emmerdes ; tu nous casses les couilles, les bonbons, les burnes.*

Très souvent la phrase est à l'impératif, donc de type injonctif. Dans ce cas, le pronom sujet n'apparaît évidemment pas. Quand le destinateur n'est pas impliqué dans l'énoncé, la structure la plus fréquente est *va* suivi d'un infinitif : *va chier (à la vigne), va chier dans ton froc, va niquer ta mère, va te torcher.* Quand le verbe complément a une valeur passive, la structure employée est *faire,* employé pronominalement, suivi d'un infinitif : *va te faire enculer, sodomiser, mettre ; va te faire sucer ailleurs ; va te faire voir (chez les Grecs).*

L'impératif *va* suivi d'un infinitif, de simple présentatif, en vient à devenir, par une sorte de métonymie grammaticale, une structure injurieuse, en l'absence de tout gros mot : *va mourir ; va te pendre ; va te tirer une balle.*

On trouve l'impératif en dehors de cette structure figée : *nique ta mère ! ; occupe-toi de tes burnes* (« variante : "mêle-toi de ton cul"[1]) ; *"fume, c'est du belge",* formule de refus assimilant le pénis à un cigare, en général accompagnée d'un bras d'honneur[2].

J'ajouterai là les phrases nominales exclamatives du type : *ta gueule, ta bouche* qui s'expliquent en fait par l'effacement du verbe à l'impératif : *ferme !*

Quand le destinateur est impliqué dans l'énoncé, on trouve la structure figée de forme négative : *viens pas*[3]

1. Cavanna, *op. cit.,* p. 116.
2. Cf. Cavanna, *ibid.,* p. 116.
3. Le verbe *venir*, à la différence d'*aller,* implique que le point de référence est le locuteur. Cf. C. Kerbrat-Orecchioni, *L'énonciation,* Paris, A. Colin, 1980.

suivie d'un infinitif, le destinateur étant représenté par un pronom de première ou de quatrième personne :*viens pas m'emmerder, m'enquiquiner, me faire chier. Viens pas* a une variante : *Arrête de* : *Arrête de me faire chier.* L'impératif peut apparaître en dehors de cette structure : *me (nous) casse pas les noix, les couilles* ; *m'asticote pas les roubignolles.*

— Le sujet est un syntagme nominal ou un substitut de celui-ci.

Le sujet peut être le pronom démonstratif *ça* dans l'expression : *ça fait mal aux nichons, aux miches, au con.*

En général, il s'agit d'une injure rituelle d'une « vanne » qui s'exprime par une, voire deux phrase(s). Le syntagme nominal sujet est constitué alors ordinairement d'un terme de parenté précédé d'un déterminant possessif de deuxième personne. Le syntagme verbal est constitué du verbe « être » (ou de ce qui en constitue une variante : « on dirait ») suivi d'un attribut : *Ta mère est une astronaute* ; *ta mère, quand elle fait de l'ombre on dirait une marée noire.* Ce peut être aussi un verbe suivi d'un complément : *Ta mère habite dans une poubelle.* Le sujet est très souvent détaché : *ta mère, elle est interdite de zoo, elle fait peur aux animaux* ; *ta mère, c'est l'attrape-couillons de la fête foraine.* Dans cette dernière structure peut apparaître une comparaison ; suit alors une phrase explicative : *ta mère, c'est comme une bibliothèque, elle est ouverte au public.*

Le plus souvent, la phrase comporte une subordonnée consécutive annoncée par « tellement » : *Ta mère est tellement pauvre qu'elle fait le trottoir à l'ANPE* ; *ta mère, elle a tellement de bourrelets que pour trouver son nombril il faut des chiens d'avalanche.*

On rencontre également, mais rarement, une structure avec une subordonnée hypothétique : *Si la laideur était une brique, ta mère ce serait la tour Montparnasse.*

Parfois la phrase est une phrase nominale, comportant *Ta mère* (ce qui correspond au thème), suivi d'un syntagme prépositionnel à valeur prédicative, qui correspond au propos[1] : *Ta mère en slip léopard (à poil) devant Prisu* ; *à quatre pattes sous la tour Eiffel* ; *en string sur la lune avec l'argent des courses,* ou parfois simplement : *Ta mère !*

On peut ajouter là la phrase nominale interrogative, réduite au thème : *Et ta sœur ?*, par laquelle le destinataire est invité à s'occuper de ce qui le regarde et qui appelle la réponse : *elle bat le beurre.*

Dans ces vannes, le destinataire peut apparaître sous la forme d'un pronom personnel complément : *Ta mère, elle t'a bercé trop près du mur,* ou à l'intérieur d'un syntagme complément circonstanciel ; le sujet ne désigne plus alors un membre de la famille : *chez toi c'est tellement petit que quand j'ai mis la clé dans la serrure j'ai cassé un carreau.*

1. Cf. M. Riegel et al., *op. cit.,* p. 604 et sq.

Chapitre VI

LES FONCTIONS DU GROS MOT

I. — A chaque âge ses gros mots

Les gros mots varient selon l'âge du locuteur, mais quel que soit l'âge, « ils n'ont de sens que s'ils sont compris et utilisés par tout le monde »[1].

Chez les petits d'environ trois à quatre ans, et encore au-delà, les gros mots tournent essentiellement autour de la fonction de défécation : *caca, cacafouilla, caca fesse, caca cul, caca boudin, caca pipi, cul, trou-du-cul, merde, péter* et sa variante onomatopéique *prouter*. On peut également entendre *couillon, con, merde, tu m'emmerdes !* Il semble que ce soit aux environs de huit-neuf ans que ce vocabulaire se diversifie avec des termes et expressions de type sexuel : *enculer, enculé, enjamber, pédé, putain, pute, pétasse*[2].

Mais c'est sans doute à l'adolescence que le répertoire est le plus varié. Si l'emploi du gros mot culmine à cette période-là, c'est qu'il est un moyen de s'affirmer. Et dans notre société, celui qui doit prioritairement s'affirmer pour dominer, c'est le garçon, face aux filles et face aux autres garçons. Aussi les gros mots sont-ils dès l'enfance plus employés par les garçons, qui les accompagnent souvent d'un crachat renforçateur. Cette fonction du gros mot se manifeste à l'évidence dans les injures

1. Cf. P. Boumard, *Les gros mots des enfants,* Paris, Stock, 1979, p. 122.
2. Attestations fournies par des enseignants et des parents.

rituelles, très prisées actuellement, qui ont d'abord été employées aux États-Unis dans les communautés noires[1], qui se pratiquent à l'intérieur d'un groupe, qu'elles contribuent d'ailleurs à définir comme tel, et qui sont le fait, semble-t-il, des adolescents et des pré-adolescents. Il s'agit de véritables joutes verbales où, à l'aide de formules faites à partir de quelques canevas syntaxiques déterminés, le locuteur doit non seulement s'assurer la supériorité sur l'adversaire par son sens de la repartie, mais encore s'attirer l'admiration des spectateurs en provoquant leur rire.

Passé cet âge, on s'en tient en général aux termes lexicalisés et jurons et injures paraissent souvent sans grande variété. Les injures néanmoins visent en général le même but : l'affirmation de l'homme face à la femme et face aux autres hommes. Le moyen le plus employé est la dévalorisation de l'autre. Quand c'est une femme, on en fait une prostituée : *pute*, *putain*, *roulure*, *pétasse*, *traînée* ou on nie sa féminité, en la traitant de *mal-baisée*[2], de vieille : *vieille taupe*, *vieille peau, mémé* ou de laide : *boudin*, *pouffiasse*, cette laideur étant souvent morale : *salope, sale garce, chameau*. Quand c'est un homme, on l'attaque sur ce qui lui est essentiel : ses capacités sexuelles. On nie sa masculinité : *t'as pas de couilles, couille molle, chibre mou* ; *mou du gland, bite froide*, *femmelette* ; on en fait un homosexuel passif : *enculé, enviandé, enfoiré, enfifré*[3], *pédé, pédale, tapette* ou encore on le qualifie par des termes qui réfèrent à la femme : *con,* ou qui sont du féminin[4] : *raclure*, *ordure*[5].

1. W. Labov, *Le parler ordinaire,* Paris, Éditions de Minuit, 1978.
2. R. Fallet, *op. cit.,* 1975, p. 84 : « Ce n'est plus un vrai vin, comme une mal baisée n'est pas une vraie femme ! »
3. Terme uniquement injurieux, issu de *enfifrer* (1883), « sodomiser », cf. E. Chautard, *op. cit.*
4. Cf. M. Yaguello, *op. cit.*
5. « Il (Dick) frappait Alberto au visage... – T'as osé nous arranger, ordure !... », A. Simonin, *Une balle dans le canon,* Paris, Gallimard, 1958, p. 38.

II. — Gros mot et euphémisme

Si le gros mot est moyen de s'affirmer, c'est qu'il est transgression d'un interdit, interdit dont les enfants sont conscients très tôt, au point de considérer que tout ce qui évoque le domaine tabou est à bannir. C'est ainsi que des enfants de trois-quatre ans considèrent comme gros mot « ça pue ! » prononcé à proximité de toilettes. Il est aussi révélateur que chez des tout petits les mots inconnus puissent passer pour gros mots.

Le tabou, comme l'explique Freud[1], déclenche une attitude ambivalente : envie d'enfreindre une prohibition et crainte de le faire, précisément en raison de cette envie. Le gros mot est donc libération[2]. « Après tout merde, voilà. Avec ce grand mot on se console de toutes les misères humaines, aussi je me plais à le répéter : merde, merde », écrit Flaubert[3].

Mais en même temps, le gros mot culpabilise, ce qui explique l'euphémisme, qui se traduit par des déformations, comme on l'a vu pour Dieu[4], ou par l'emploi de substituts : *diantre* pour *diable* ; *nom d'une pipe*, *d'un chien* pour *nom de Dieu* ou encore *flûte, crotte, chiotte*, *zut*, *mince* pour *merde*[5]. Maupassant écrit « Nom d'un tonnerre »[6], mais « Nom de D... »[7].

A l'écrit, en effet, l'euphémisme se manifeste, ou plutôt se manifestait, par l'abrègement du mot tabou, abrègement signalé par des points de suspension. Cet abrègement était limité à un certain nombre de termes : *merde, emmerder, chier, con, cul, déconner*, *foutre*, *putain*, selon

1. Cf. S. Freud, *Totem et tabou,* Paris, Payot, 1965.
2. Cf. R. Edouard, *op. cit.*, p. 119 : « N'ayons pas peur des mots : l'injure peut être regardée comme un traitement miracle pour soulager la plupart des maux dont souffre l'homme du XXe siècle, étouffé par les contraintes sociales et les complications de sa tâche quotidienne. »
3. G. Flaubert, *Lettre à E. Chevalier,* 15 juin 1945, *Correspondance* I, Pléiade, p. 237.
4. Cf. *supra*, chap. 1.
5. *Merdre* chez A. Jarry dans *Ubu*.
6. Maupassant, Un normand, *Contes et nouvelles* I, Pléiade, p. 581.
7. Maupassant, Les sabots, *ibid.*, p. 714.

des modalités fixes. Dans le cas de mots simples subsistai(en)t le ou les graphème(s) correspondant à la consonne initiale : *m..., ch..., c...* (con ou cul), *f..., p...*[1] Dans le cas de dérivés, étaient maintenus préfixe et consonne initiale : *déc..., se dém..., emm...* ou *em...* L'abrègement pouvait même aller jusqu'à la suppression totale. Le cotexte est alors indispensable pour la restitution du mot manquant : « — Bande de... cria tout haut Denoots. »[2] Ce qui était la norme et habituel au début du siècle et jusqu'à une date relativement récente[3] paraît être tombé en désuétude, preuve que le poids du tabou va diminuant, dans la littérature du moins. Pas de déformation graphique chez Benoziglio, Boudard, Cavanna, Djian, Fallet ou Pennac. Mais dans les journaux, le tabou subsiste comme le prouve un article de *La Dépêche* du 8 octobre 1995 où sont ainsi rapportés les propos d'un jeune : « Je sortais faire le c... dehors avec les grands. »

III. — Le gros mot, acte de langage

D'un point de vue strictement linguistique, on ne saurait parler de gros mots sans parler de pragmatique, c'est-à-dire des gros mots en tant qu'acte de langage. De ce point de vue, juron et injure doivent être différenciés. Le juron en effet nous sert « à soulager notre cœur » et peut ne même pas être considéré comme une énonciation lorsque, dans le cas du juron réflexe, il ne sert pas à communiquer[4]. L'injure, elle, ne saurait sans doute être prise pour un « performatif explicite », comme l'est « je jure de venir », énoncé qui contient un verbe performatif et dont l'énonciation revient à exécuter l'acte décrit par le verbe.

1. Cf. Sartre, *La p... respectueuse,* 1946.
2. M. Van der Meersch, *Quand les sirènes se taisent,* Paris, Albin Michel, 1933, p. 166.
3. Dans *Le standinge selon Bérurier* (1965) de San-Antonio, on trouve : *m..., c...(cul).*
4. Cf. J.-L. Austin, *Quand dire, c'est faire,* Paris, Seuil, 1970, p. 117 et p. 19.

Toutefois, prononcer une injure, c'est assurément accomplir un acte dit « illocutoire », au sens où l'entend O. Ducrot[1] c'est-à-dire « présenter ses propres paroles comme induisant immédiatement une transformation juridique de la situation ». C'est ce qu'a pu constater B. Tapie condamné à une amende pour avoir traité des policiers d' « ânes bâtés » et de « petits cons »[2].

L'injure implique un destinataire (qui peut évidemment être parfois le destinateur), que l'on veut provoquer ou surprendre[3], qui est contraint par là à réagir et dont la réaction peut être très variable. Le juron, lui, en principe, n'est pas formulé à l'adresse d'un destinataire, du moins direct.

C'est donc dans l'injure que la valeur pragmatique du gros mot est pleinement à l'œuvre. Sans doute y a-t-il une différence à faire selon la fonction syntaxique du terme injurieux. Quand il est employé en apostrophe et constitue une désignation de l'individu interpellé, celui-ci a plus de portée que lorsqu'employé seul, il a une valeur prédicative. Il convient, par ailleurs, de bien distinguer, comme le fait W. Labov[4], entre insultes personnelles, qui sont agression[5] et qui par conséquent appellent une réaction, une réponse, et insultes rituelles, qui ne sont en principe que joutes verbales. Mais qu'il s'agisse d'insultes personnelles ou rituelles, dans la mesure où ces énoncés ont un destinataire qui est mis en situation de répondre, toutes relèvent de la fonction « conative » du langage, définie comme « l'orientation vers le destinataire »[6].

1. O. Ducrot, *Le dire et le dit,* Paris, Éd. de Minuit, 1984, p. 36.
2. Cf. *Le Monde,* vendredi 16 juin 1995.
3. Céline, *D'un château l'autre,* p. 87, Pléiade, Romans II : « Coloquintes ! volubilis ! hé ! clématites ! » « Clématites » les déconcerte... ils savent plus... tout d'un coup : « Excrément » ! « ça revient ! ils reprennent !... »
4. W. Labov, *op. cit.*
5. *Insulter* vient de *insultare* (dérivé de *saltare*) : « attaquer », « sauter sur ».
6. R. Jakobson, *Essais de linguistique générale,* Paris, Éditions de Minuit, 1963, p. 216.

Sont susceptibles de fonctionner pragmatiquement comme injures des termes qui sémantiquement sont des axiologiques[1] négatifs *(connasse, trouillard).* Il faut pour cela que ces termes soient employés en apostrophe, selon les modalités vues dans le chapitre précédent, avec une intonation appropriée. L'existence de termes spécifiques à l'injure (« noms de qualité ») permet de ranger l'injure, tout comme l'interrogation par exemple, dans les énoncés « performatifs primaires » dans lesquels « l'acte de langage n'est pas accompli au moyen d'un verbe performatif explicite, mais par l'emploi même du type de phrase associé par convention à un type d'acte spécifique »[2]. L'emploi d'un terme injurieux correspond en effet à un acte d'injure.

Il faut cependant remarquer qu'un terme habituellement neutre peut aussi, par le même processus, prendre une valeur injurieuse. Il en est ainsi par exemple de *SDF*, de *bourgeois,* de *Portugais*. La valeur pragmatique de l'injure n'est donc pas liée obligatoirement au signifié de celle-ci. Les injures sont ainsi les traîtres de la société, ce par quoi elle se trahit. En effet, à travers l'emploi injurieux de termes dont le signifié n'implique en langue aucune évaluation, une société révèle ses jugements de valeur. C'est injurier un médecin que de lui dire : « Espèce de vétérinaire ! »[3] Il faut tout de même remarquer que pour qu'il y ait insulte, il faut absolument qu'elle soit perçue comme telle. Un terme neutre court donc le risque de ne pas être ressenti comme injure.

L'injure, riposte verbale, peut être le substitut d'une riposte en actes, comme le remarque non sans humour un Indien se félicitant d'avoir progressé « en matière de jurons et d'obscénités » : « J'étais ravi, vu que souvent nous, Indiens, ne savons pas comment renvoyer la balle.

1. Termes qui impliquent de la part du sujet d'énonciation un jugement évaluatif positif ou négatif, cf. C. Kerbrat-Orecchioni, *L'énonciation,* Paris, A. Colin, 1980.
2. M. Riegel et al., p. 587.
3. R. Fallet, 1973, *op. cit.,* p. 139.

Quand un Blanc me traitait comme un saligaud, je me trouvais vraiment démuni pour l'envoyer foutre, je ne savais qu'imiter le grognement de l'ours ! grrrghm... Mais ce n'était pas satisfaisant. D'abord le Blanc ne comprenait pas et surtout, après avoir grogné, il me prenait l'envie d'en faire plus, de me battre, de prendre mon couteau. Alors que ça en valait rarement la peine. Désormais je pouvais dire simplement : “espèce de sale con !” et en rester là. Pas de doute là-dessus, ça simplifiait beaucoup les rapports avec les Blancs. »[1]

Par ailleurs, tout gros mot est susceptible de vouloir provoquer et/ou, à condition qu'il soit perçu comme tel, de provoquer des réactions, d'être suivi d'effets « perlocutoires », J.-L. Austin distinguant en effet « les actes qui ont un objectif perlocutoire (...) de ceux qui, simplement, entraînent des suites perlocutoires »[2].

Le point de vue pragmatique, lié à l'acte d'énonciation, essentiel par conséquent quand il s'agit des injures, n'est pas le seul, toutefois, sous lequel il convienne d'envisager les gros mots.

IV. — Gros mot et fonction expressive

La fonction des jurons et des injures est d'abord et fondamentalement « expressive ou émotive » au sens où l'entend R. Jakobson, c'est-à-dire qu'ils visent à « une expression directe de l'attitude du sujet à l'égard de ce dont il parle »[3]. Il en est de même de tout gros mot pour peu qu'il résulte d'un choix.

C'est la fonction expressive qui explique l'importance de l'intonation. Pas besoin de connaître une langue pour identifier un juron ou comprendre que l'on est injurié. Il suffit d'y mettre l'intonation et n'importe quel terme du français le plus standard est susceptible de fonctionner

1. T. Ushte et R. Erdoes, *De mémoire indienne,* Paris, Plon, 1977, p. 96.
2. J.-L. Austin, *op. cit.*, p. 125.
3. R. Jakobson, *op. cit.*, p. 214.

comme injure et peut être parfaitement perçu comme tel, parfois évidemment au prix d'un trope. A preuve, l'emploi injurieux chez les jeunes de termes comme *blaireau* ou *pintade*, qui en principe n'ont aucune connotation péjorative, à la différence d'autres termes désignant des animaux. A l'inverse, un mot primitivement injurieux peut se charger d'une valeur affectueuse et se transformer en hypocoristique[1]. Toutefois, un ou plusieurs éléments lexicaux indiquent alors cette valeur : *mon couillon, (mon) petit couillon. Couillette* et *couillounette* sont en occitan des diminutifs de valeur affectueuse et J. Séguy[2] signale l'emploi fréquent dans le Midi de termes injurieux *(con, couillon)* « comme vocatifs cordiaux et familiers, surtout pour prendre à témoin ».

Cette importance de l'intonation, c'est-à-dire du non verbal, dès lors que le signifié n'est pas évident, rend nécessaire à l'écrit une explicitation : « Sulphart qui le regardait avec sympathie lui bourra les côtes : "– Hé, nez de bœuf, on dit que t'as la tremblote pour monter aux tranchées". »[3]

Du fait de la fonction expressive prioritaire, la fonction référentielle peut devenir secondaire. Bien des termes sont ainsi banalisés, désémantisés, leur sens premier n'étant plus perçu. C'est le cas de *con*, à propos de quoi R. Edouard écrit : « On dit *con* comme on dirait *ballot*, *idiot*, *imbécile*, sans y attacher la moindre importance, sans malice ni méchanceté »[4], ou encore de *putain de...*, qui peut être suivi de toutes sortes de noms, simple formule qui permet de maudire ce dont on parle : « Putain de vieillesse ! »[5] et de *putain* devenu banale interjection, employée comme modalisateur devant toute phrase expri-

1. D. Perret, Termes d'adresse et injures, in *Cahiers de lexicologie,* Didier-Larousse, 1968, vol. 12, p. 3-14.
2. J. Séguy, *Le français parlé à Toulouse,* Toulouse, Privat, 1978.
3. R. Dorgelès, *op. cit.,* p. 94.
4. Cf. R. Edouard, *op. cit.,* p. 385.
5. A. Malraux, *La condition humaine,* Paris, Gallimard, 1946, « Folio », p. 179.

mant un désagrément : *Putain*, j'ai encore égaré ce papier !, *Putain*, mais tu comprends jamais rien !, *Putain*, que c'est chaud !, « Oh putain !... souffle Doudou effrayé. Ça grouille ! »[1]. C'est le cas également de nombreuses interjections qui ont complètement perdu leur valeur originelle de juron. *Pardi* est employé couramment « pour renforcer une déclaration, marquer l'évidence, la logique de l'énoncé auquel on répond »[2] : « — Elle me plaît.– Pardi ! J'aurais dû m'en douter ! »[3] ou même comme adverbe : « — Je le sais pardi bien. »[4] *Tudieu* n'est plus qu'un outil de renforcement : « Tudieu oui, j'y vais, à la Rouéchotte... »[5]. C'est ainsi qu'un même terme peut prendre selon le contexte des valeurs très diverses. Le *TLF* indique que *merde*, lorsqu'il « marque l'émotion du locuteur qui ne s'adresse pas à un interlocuteur et qui ne vise pas par son énonciation à changer un état de fait » peut exprimer « l'irritation, l'exaspération » ; « l'indignation, le désespoir (souvent devant la fatalité), l'impuissance » ; « la déception, le dépit » ; « l'impatience » ; « l'étonnement, la surprise » ; « l'admiration ». Il en est de même de bien des interjections qui peuvent s'accompagner aussi bien d'énoncés marqués négativement que positivement : *Putain*, *nom de Dieu*, *merde* la belle fille !

De la même manière des termes différents peuvent être employés de manière équivalente : « — Décrochez, bon Dieu ! »[6], « foutez-moi le camp, nom de Dieu »[7], « — Couche-toi, merde ! »[8]. Les interjections *mince*, *fichtre* et *foutre* peuvent indiquer l'étonnement[9].

1. D. Belloc, *op. cit.*, p. 95.
2. *TLF.*
3. H. Vincenot, *op. cit.*, p. 227.
4. *Ibid.*, p. 136.
5. *Ibid.*, p. 17.
6. D. Pennac, 1995, *op. cit.*, p. 467.
7. D. Pennac, *La petite marchande de prose*, Paris, Gallimard, 1989, « Folio », p. 31.
8. J.-B. Pouy, *L'homme à l'oreille croquée*, Paris, Gallimard, 1987, « Folio », p. 105.
9. *Le Petit Robert*, 1990.

Cette fonction expressive se manifeste dans l'emploi de tout gros mot, dès lors qu'il n'est pas le langage habituel.

V. — Gros mot et fonction « référentielle »[1]

Bien que le gros mot ait essentiellement une fonction expressive, on ne peut faire fi de sa signification, notamment quand il occupe une pleine fonction syntaxique dans la phrase, qu'il n'est pas interjection ou employé en apostrophe : « — Écrire l'Histoire, c'est foutre la pagaille dans la Géographie. »[2] ; « — Vous êtes vraiment trop cons, dans ce quartier ! »[3] ; « — Je m'en doutais, moi, le vieux, que vous seriez tous outillés comme des putains sans cul. J'ai prévu le coup ! »[4] ; « — Qu'est-ce que c'est que cette merde ? »[5]. Pourtant, la différence entre *merde* et « difficulté » n'est selon certains[6] affaire que de connotation.

Même l'interjection, qui est souvent à interpréter en fonction du co(n)texte, peut avoir un signifié précis ou du moins exprimer un sentiment défini. C'est le cas de *bordel* par exemple qui exprime toujours l'impatience : « — encore un qui fume, sacré bordel ! »[7] ; « Couchez-vous, bordel ! Couchez-vous ! »[8]

Ce qui est valable pour l'interjection l'est encore plus pour l'apostrophe, qui est d'autant plus susceptible de blesser qu'elle a un signifié précis, susceptible d'être tenu pour vrai et adapté à la cible. Ainsi pourrait-on différencier insulte et injure, l'insulte étant vérifiée (portant par exemple sur des défauts physiques du destinataire) ou vérifiable, l'injure étant « au-delà de la vérité ou de l'er-

1. Pour des raisons de commodité, j'emploie le terme de Jakobson. Je parle en fait non du référent, mais de la représentation de celui-ci par le signifié.
2. D. Pennac, 1987, *op. cit.*, p. 202.
3. *Ibid.*, p. 106.
4. R. Fallet, 1975, *op. cit*, p. 122.
5. D. Pennac, 1987, *op. cit.*, p. 125.
6. Cf. C. Kerbrat-Orecchioni, *op. cit.*
7. H. Barbusse, *op. cit.*, p. 155.
8. Cavanna, *op. cit.*, p. 69.

reur »[1]. C'est précisément par là que diffèrent « insulte personnelle » et « insulte rituelle »[2].

Le signifié est tout particulièrement important dans les insultes qui visent à dénoncer ce qui est tenu pour marginalité et donc à marginaliser, la marginalité dénoncée pouvant être de nature diverse : raciale *(bougnoul(e), négro)*, ethnique *(rital, ricain, amerloque, boche, youpin)*, sociale *(aristo)*, idéologique ou politique *(facho, gaucho, coco)*, sexuelle *(pédé)*[3], mais aussi physique : *Bug Bunny,* employé par les adolescents pour désigner quelqu'un aux grandes oreilles. Qu'il s'agisse d'un terme spécifique, d'une déformation du français standard, ou d'un terme tropique (*spaghetti* ou *macaroni* pour « italien », *melon* pour « arabe »), le signifié est clairement perçu.

Dans le cas de l'insulte, le signifié est en général justifié et confirmé par le reste de l'énoncé : « Ça te va bien de parler d'attaque, toi qui t'es toujours planqué, foireux ! »[4] ou par la situation : « Tout à coup, nous voyons la compagnie qui prolonge notre ligne sur la droite fléchir et se replier en désordre. – Bande de lâches ! crient les soldats de ma section en montrant le poing aux fuyards ; trouillards ! salauds ! »[5]

Il faut néanmoins remarquer la désémantisation de bien des gros mots, laquelle concerne prioritairement ceux qui ont un emploi figuré. Cette désémantisation contribue à l'extension de certains gros mots, ce qui entraîne des modifications constantes dans la hiérarchie d'ensemble ; les gros mots en effet n'ont pas tous le même pouvoir provocateur. Ainsi, « foutre » équivaut souvent simplement à « mettre » : « Je te l'ai foutu à la porte, vite

1. M. Chastaing, H. Abdi, Psychologie des injures, in *Journal de psychologie normale et pathologique,* n° 1, janvier-mars 1980.
2. Cf. W. Labov, *op. cit.*
3. Ces injures ont un fonctionnement métonymique, un trait servant à caractériser l'individu et « l'argument métonymique induit l'argument métaphorique » ; cf. E. Larguèche, *L'effet injure,* Paris, PUF, 1983, p. 71.
4. R. Dorgelès, *op. cit.,* p. 115.
5. J. Galtier-Boissière, *op. cit.,* p. 151-152.

fait. »[1] ou à « faire » : « J'ai rien foutu en classe »[2] ; « bordel » peut ne plus avoir qu'un signifié très vague : « J'ai pris un carton qui traînait, j'ai commencé à tout foutre dedans, les boutanches, la charcuterie et tout le bordel en les surveillant de l'œil. »[3]

Quand le signifié d'un mot s'est estompé, les adjectifs qui peuvent l'accompagner prennent alors une valeur essentielle ; c'est ainsi que la notion de « con » peut être infiniment et finement nuancée : le *sale con* combine méchanceté et bêtise, le *vieux con* bêtise et âge, ce qui n'arrange rien ; le *petit con* à la différence du *grand con* est insignifiant et ne mérite que le mépris tout comme le *pauvre con* qui n'a qu'une bêtise digne de commisération, à la différence du *sacré con* dont la bêtise atteint une intensité surprenante.

Il arrive même que le gros mot par l'emploi qui en est fait soit vidé à peu près totalement de son signifié précis.

VI. — **Gros mot et fonction démarcative**

Le gros mot n'est plus guère alors qu'un signe de ponctuation, dépourvu de fonction « référentielle » et même de fonction expressive. C'est le cas de *mon cul* qui souligne la reprise par Zazie du terme que vient d'employer son interlocuteur : « — Tu es bien gentille de t'occuper de mes affaires... — Gentille mon cul, rétorqua Zazie »[4]. Dans ce cas, il souligne l'organisation de l'énoncé : « — C'est bien simple, dit Charles. Elle peut pas dire un mot, cette gosse, sans ajouter mon cul après » (p. 21).

Devenant d'un emploi systématique, il peut en venir jusqu'à perdre toute valeur provocatrice.

C'est ce que l'on observe dans l'emploi qui est fait de *con* dans la région toulousaine. Il suffit pour s'en convaincre d'assister à n'importe quelle partie de pétanque ! *Con*

1. J.-L. Benoziglio, *Cabinet portrait,* Paris, Seuil, 1980, p. 193.
2. T. Jonquet, *op. cit.,* p. 62.
3. Berroyer, *op. cit.,* p. 127.
4. R. Queneau, *op. cit.,* p. 30.

devient un simple suffixe, comme en témoigne l'énoncé relevé par le garonnais P. Perret[1] : « Putaing *con*, qu'il est con ce gonze *con* ! », ou plus nettement encore la devinette rapportée par les Toulousains eux-mêmes : « Qu'est-ce qui tombe en automne et commence par f et se termine par n ? — Les feuillescon ! ». On ne s'étonnera donc pas que le juron favori des Toulousains soit *bouducon.*

Le gros mot dans ce cas est certes tout à fait banalisé et on est loin de l'inventivité de Rabelais à propos de *couillon*[2]. Heureusement, la créativité dans ce domaine n'est pas morte et le gros mot peut aussi témoigner de la « fonction poétique »[3] du langage, par laquelle « l'accent » est « mis sur le message pour son propre compte » et qui dans ce cas ne peut être dissociée d'une fonction ludique.

VII. — Gros mot et fonction ludique

Le juron est ainsi manifestement jeu pour Céline qui dans *Mille cinq cents putains de wagons de foutre !*[4], tire parti de l'ambivalence du *de*, simple élément de concaténation ou introducteur d'un syntagme complément, faisant de *foutre* à la fois une interjection et un nom[5]. Même type de jeu dans l'appellatif injurieux *tête d'ail* qui tire son ambivalence de la lexie standard *tête d'ail* et de la structure fréquente de l'injure : *tête de.*

Jeu aussi qu'une injure comme *trou du cul de bouteille,* attestée à l'oral, qui amalgame dans une expression-valise *trou du cul* et *cul de bouteille*, lexie du français standard, par un jeu d'associations voisin de : « J'en ai marre, marabout, bout de ficelle, etc. ».

Le jeu peut être phonique dans une injure comme *tête de tentacule* ou dans les échanges de père Ubu : « Polognard,

1. P. Perret, 1994, *op. cit.,* p. 51.
2. Rabelais, *Le tiers livre,* chap. XXVI.
3. Cf. Jakobson, *op. cit.,* p. 218.
4. Céline, *Casse-Pipe,* p. 45, Pléiade, Romans III.
5. Cf. les analyses de C. Sautermeister : Technique de l'injure célinienne, in *Actes du colloque d'Oxford,* Bibliothèque de l'Université Paris VII, 1981, p. 167-183.

soûlard, bâtard, hussard, tartare, calard[1], cafard, mouchard, savoyard, communard ! » et de mère Ubu : « capon, cochon, félon, histrion, fripon, souillon, polochon ! »[2]

Les « vannes rituelles »[3] paraissent avoir doublement cette fonction ludique, et parce qu'elles sont fondées sur l'invraisemblance, et parce qu'elles cherchent à provoquer l'admiration et non l'affrontement, du moins en principe.

Elles sont dirigées contre la famille, les femmes notamment, la sœur ou le plus fréquemment la mère. On retrouve bien entendu la notion de femme putain : *ta mère, c'est comme un caddie, on met dix francs et c'est parti*[4] *; ta mère elle travaille rien que la nuit et encore dans un lit.* Sont aussi incriminés la bêtise : *ta mère elle est tellement conne qu'elle croit que ménopause c'est une touche de magnétoscope* ; la pauvreté : *ta mère est tellement pauvre que quand on rentre chez toi et qu'on écrase un mégot, ta mère gueule : qui c'est qu'a éteint le chauffage ?* ; certains traits physiques, signe de laideur : *ta mère est tellement plate qu'on pourrait la faxer ; ta mère est tellement grosse que quand elle va au bowling, on dirait que c'est la boule qui lance ta mère* ; l'absence de féminité : *ta daronne elle a tellement de poils que quand elle lève les bras elle balaie par terre.*

Parfois, le destinataire lui-même est personnellement injurié. Il est alors représenté dans l'énoncé par un pronom complément : *ta mère, elle t'a acheté à Emmaüs.* Ce peut aussi être de manière implicite : *ta mère, elle a accouché au zoo.*

Le père n'est pas épargné : *ton père, c'est le héros des crados.*

Les mêmes thèmes se retrouvent dans les dialogues rituels : — *Ton père, il a une barbe ? — Non. — Alors c'est ta mère que j'ai vue hier soir.*

Le contenu des vannes, uniquement sexuel à l'origine,

1. Néologisme, cf. M. Arrivé, *Les langages de Jarry,* Paris, Klincksieck, 1972, p. 181.
2. A. Jarry, *Tout Ubu,* Paris, Librairie générale française, « Le Livre de poche », 1962, p. 125.
3. W. Labov, *op. cit.*
4. Cf. *Ta mère* 1 et 2, Éditions M. Lafon, 1995.

a évolué et il est notable que les vannes sont très ancrées dans l'actualité, utilisant des noms de vedettes, de personnalités ou de marques commerciales : *Ta mère elle est tellement bête qu'elle croit que Robert Hue est l'inventeur de la colle ; Ta mère est tellement conne que quand je lui ai demandé d'aller chez Darty acheter une TV couleur elle m'a demandé : « Quelle couleur ? »*

L'échange de vannes implique un public et quand il se fait à deux, le destinataire devient le représentant du public. La réponse à une vanne est une autre vanne qui enrichit la première et renchérit sur elle. Par ailleurs, une injure rituelle est telle, dans la mesure où tous les participants savent que le contenu exprimé est absolument invraisemblable. Elle n'a donc pas à être niée. L'injure personnelle, l'insulte, elle, dans la mesure où elle est perçue comme pouvant correspondre à la vérité, appelle une dénégation et peut dégénérer en conflit[1], ce qui n'est pas le cas a priori dans l'échange de vannes. Le rituel auquel il obéit « dépersonnalise la situation et réduit d'autant les dangers d'affrontement et de défi à l'autorité »[2].

Le risque est évidemment que la vanne devienne injure personnelle ou soit interprétée comme telle. Rien, de ce fait, n'est trop invraisemblable : *C'est tellement petit chez toi que même les cafards sont bossus.*

VIII. — Gros mot et créativité

La créativité peut se manifester diversement, à l'écrit, évidemment, où tout loisir est laissé au scripteur, mais aussi à l'oral.

— Par des néologismes phonologiques, qui peuvent se substituer à des mots déjà existants, comme « enculeux »[3],

1. Cf. H. Barbusse, *op. cit.*, p. 26 : « Ils écument et grincent et s'avancent l'un vers l'autre. Tulacque étreint sa hache préhistorique et ses yeux louches lancent deux éclairs. L'autre, blême, l'œil verdâtre, la face voyou, pense visiblement à son couteau. Lamuse interpose sa main pacifique grosse comme une tête d'enfant et sa face tapissée de sang, entre ces deux hommes qui s'empoignent du regard et se déchirent en paroles. »
2. Cf. W. Labov, *op. cit.*, p. 288.
3. Céline, *Casse-Pipe*, p. 61, Pléiade, Romans III.

« culeur »[1], « conifiasse »[2] ou qui suppléent à un manque : « déconnerie »[3] n'est pas l'équivalent de *déconnage* ; « la merdure »[4] est un appellatif sur le modèle de *l'enflure* ; le juron « cornegidouille », que l'on retrouve chez Céline sous la forme « corniguedouille »[5], est une variante de *corne-Dieu* créée par Jarry, à partir de *guedouille*, doublet de l'ancien français *guedoufle*, « huilier formé de deux flacons »[6].

— Par des néologismes sémantiques[7], qui peuvent être inédits, comme *brise-jet* employé par San-Antonio pour désigner le pénis, ou n'être qu'une variante d'une figure existante, comme *confiserie*[8], variante de *bonbons*, désignation des testicules.

— Par l'emploi comme juron ou injure de termes qui en principe ne sont pas ainsi employés : « Coloquintes ! volubilis ! hé ! clématites ! »[9] ; « espèce de logarithme ! »[10]

— Par des combinaisons inattendues ou inhabituelles, possibles notamment dans jurons et injures, dans la mesure où ils peuvent combiner plusieurs mots. Il est assez fréquent que les injures fassent fi des incohérences sémantiques, mettant en relation humain et non humain : *face de tanche*, *face de poulpe* ; non animé et animé : *saucisson à pattes*[11] ou rapprochant des termes complémentaires : *tête de pied, tête de cul, face de dos, face de cul, tronche de cake,* ce qui ne manque pas de rappeler les renversements opérés par le carnaval[12].

1. *Ibid.*, p. 28.
2. Céline, *Féerie pour une autre fois,* version C, p. 930, Pléiade, Romans IV.
3. Céline, *D'un château l'autre,* p. 58, Pléiade, Romans II.
4. Céline, *Casse-pipe,* p. 17, Pléiade, Romans III.
5. Cf. *Nord,* p. 394, Pléiade, Romans II.
6. Cf. M. Arrivé, *op. cit.*
7. « Apparition d'une signification nouvelle dans le cadre d'un même segment phonologique », L. Guilbert, *La créativité lexicale,* Paris, Larousse, 1975, p. 64.
8. S. Jacquemard, *Péché contre la chair,* Paris, Gallimard, 1982, cf. A. Doillon, *op. cit.*
9. Céline, *D'un château l'autre,* p. 87, Pléiade, Romans II.
10. Hergé, *op. cit.*, p. 5.
11. R. Benjamin, *Gaspard,* Paris, Fayard, 1915, p. 269.
12. Cf. M. Bakhtine, *L'œuvre de F. Rabelais et la culture populaire au Moyen Age et sous la Renaissance,* Paris, Gallimard, 1970.

La fantaisie est au pouvoir, mais souvent plus en apparence qu'en réalité. En effet elle se borne souvent à étendre des paradigmes, à l'intérieur de structures définies telles *face de, tête de* : *face de lézard constipé, face de pet de mammouth ; tête de michelin rechapé, tête de girolle,* ou à partir de formes existantes : *têtard à lunettes,* variante de *serpent à lunettes* ; « moule à caca »[1], variante de *moule à gaufres.* Parfois, la variation se fait sur l'axe syntagmatique, par l'adjonction d'un adjectif : *couillasse fleurie* ; à partir de *tête de bite : tête de bite éclatée, plumée* ; à partir de *tête de con* : « tête de con habillé en dimanche »[2].

On trouve cependant des créations originales, fondées sur l'absurde : « fil à trous »[3] ou qui, par un jeu de langage, aboutissent au fantastique : « Mais nom de Dieu de juterie de foutre ! »[4]

C'est en fait dans les « chapelets » que jurons et injures se générant les uns les autres sont les plus débridés : « Sacré nom de Dieu de merde de nom d'une pipe de 25 000 pines du tonnerre de Dieu, sacré nom d'un pct [...] »[5], « un salopard de feignant d'emmerdeur de Franzoze de merde »[6]. C'est là que les écrivains donnent libre cours à leur fantaisie et par les termes qu'ils mêlent : « Bandits ! Renégats !... Traîtres !... Cloportes !... Judas !... Naufrageurs !... Patapoufs !... Papous !... Catachrèses !... Moujiks. »[7] et par la richesse de leurs inventions : « Attention voyeurs et frimands !... porte-gales, bigleux affreux du mauvais sort !... Rats de soute ! Gueules en piment ! Tordues canailles à chicottes !... Fainéants mous des bras !... Puces de grues ! Puante espèce à débarder ! »[8]

1. H. Barbusse, *op. cit.,* p. 40.
2. D. Belloc, *op. cit.,* p. 120.
3. H. Barbusse, *op. cit.,* p. 176.
4. Céline, *Casse-pipe,* p. 44, Pléiade, Romans III.
5. G. Flaubert, lettre à E. Chevalier, 21 mai 1842, *op. cit.,* p. 104.
6. Cavanna, *op. cit.,* p. 203.
7. Hergé, *L'étoile mystérieuse,* Casterman, 1947, p. 40.
8. Céline, *Guignol's Band,* p. 107, Pléiade, Romans III.

CONCLUSION

Il y aurait encore beaucoup à dire et bien des points à développer. J'ai seulement tenté de donner un aperçu de toute une partie du lexique que l'on veut ignorer, bien qu'elle ne manque pas d'être utilisée, et de ce qui en fait l'intérêt, au plan linguistique, en reconnaissant que le linguiste est loin d'être seul concerné et qu'un travail en collaboration avec des psychanalystes serait des plus fructueux.

De ce voyage au pays des gros mots doit subsister une idée de complexité.

Complexité de la définition de l'objet lui-même dans la mesure où la notion de gros mot est d'appréhension délicate. Le gros mot étant ce qui est perçu comme tel, elle est rien moins que constante et déborde le linguistique strict. Elle est notamment susceptible de varier selon ce qu'est le parler habituel du locuteur.

Complexité de l'objet lui-même à plusieurs titres. Le gros mot balance d'abord entre grossièreté et vulgarité. Les mêmes dictionnaires qui le définissent comme mot grossier, c'est-à-dire « qui offense la pudeur, qui est contraire aux bienséances », l'accompagnent de la marque d'usage « vulgaire », notion quelque peu différente, «vulgaire» signifiant, d'après les dictionnaires, « qui manque d'élévation ou de distinction et d'usage »[1]. Le vulgaire déborde largement le grossier. D'autre part, puisque est gros mot ce qui réfère à quelques domaines tabous, le gros mot est affaire de référent, comme le montre un terme métaphorique comme *chatte* indiqué comme « vulgaire » dans le dictionnaire. N'échappent finalement à l'interdit que quelques termes sauvés par un emploi technique : il faut bien, dans le domaine médical notamment, parler de certaines réalités ! Sont aussi tenus pour gros mots des mots du français stan-

1. *Le Petit Robert*, 1990.

dard pour peu qu'ils puissent devenir injure, l'injure étant fondamentalement le lieu et le mode priviligié d'emploi du mot tabou et frappant pour ainsi dire du sceau de gros mot tout ce qu'elle utilise. Par la notion de gros mot sont donc concernés des signes linguistiques, des référents et des emplois.

Complexité des signifiés. Le gros mot entre souvent dans des expressions figurées où il peut être chargé de valeurs opposées, liées précisément à son caractère tabou.

Complexité de fonctionnement. Le gros mot peut fonctionner comme n'importe quel mot de la langue, conformément à la classe grammaticale à laquelle il appartient. Mais il a aussi son originalité puisqu'il peut avoir dans certains cas un fonctionnement plus spécifique : emploi interjectif (juron) ou appellatif (injure). Il peut jouir de la plus grande autonomie syntaxique ou être soumis à la plus extrême contrainte dans les structures figées.

Complexité de fonctions. Tout essai de distinction est rassurant, mais forcément artificiel et donc faux. Le gros mot cumule plusieurs fonctions. Transgression, il est essentiellement lieu de liberté, de jeu et c'est par là précisément que, comme le carnaval, il a le pouvoir de faire mieux accepter la transgression.

Les gros mots sont enfin le lieu d'un paradoxe. Ils sont à la fois un lieu de créativité incessant, au gré de la société, variant avec les groupes sociaux, voués alors, sinon à l'éphémère, du moins au passager, et en même temps un lieu de pérennité, car ils sont liés à des interdits fondamentaux, constitutifs du psychisme humain. Ainsi à côté de mots tout récents, qui ne font que passer, coexiste-il des mots très anciens. Même s'il se banalise, le gros mot ne disparaîtra donc pas – et il faut s'en féliciter – car son pouvoir est lié à la force des interdits. Que les interdits s'estompent et le gros mot, juron ou injure, est vidé de tout pouvoir : pouvoir de libérer des tensions, de l'agressivité, pouvoir de permettre l'affirmation de soi face à autrui.

Les gros mots sont assurément les marginaux de la langue, mais ne courent pas le risque d'exclusion.

BIBLIOGRAPHIE

Benveniste E., Euphémismes anciens et modernes, in *Problèmes de linguistique générale*, Paris, Gallimard, 1966.

Bernet Ch., Rézeau P., *Dictionnaire du français parlé*, Paris, Seuil, 1989.

Caradec F., *Dictionnaire du français argotique et populaire*, Paris, Larousse, 1977 ; réédition : *N'ayons pas peur des mots*, Paris, Larousse, 1988.

Cellard J., Rey A., *Dictionnaire du français non conventionnel*, Paris, Hachette, 1980 ; réédition, 1991.

Chautard E, *La vie étrange de l'argot*, Paris, Denoël & Steele, 1931.

Colin J.-P., Mevel J.-P., *Dictionnaire de l'argot*, Paris, Larousse, 1990 (rééd. en 1995).

Delvau A., *Dictionnaire de la langue verte*, Paris, Dentu, 1866.

Delvau A., *Dictionnaire érotique moderne*, Paris, Les Éditions 1900, 1990.

Doillon A., *Dico-Plus*, n° 52/53, avril 1992.

Duneton Cl., *Le bouquet des expressions imagées*, Paris, Seuil, 1990.

Edouard R., *Dictionnaire des injures*, Paris, Tchou, 1973.

Esnault G., *Dictionnaire historique des argots français*, Paris, Larousse, 1965.

Guiraud P., *Les gros mots*, « Que sais-je ? », n° 1597, Paris, PUF, 1975.

Guiraud P., *Sémiologie de la sexualité*, Paris, Payot, 1978.

Guiraud P., *Dictionnaire historique, stylistique, rhétorique, étymologique de la littérature érotique*, Paris, Payot, 1978 (dernière rééd., 1993).

Huston N., *Dire et interdire*, Éléments de jurologie, Paris, Payot, 1980.

Labov W., Les insultes rituelles, in *Le parler ordinaire*, Paris, Éditions de Minuit, 1978, p. 223-288.

Larguèche E., *L'effet injure*, Paris, PUF, 1983.

Rey A. et Chantreau S., *Dictionnaire des expressions et locutions*, Paris, Le Robert, 1989.

Sandry G. et Carrère M., *Dictionnaire de l'argot moderne*, Paris, Éditions du Dauphin, 1953.

Trésor de la Langue française, *Dictionnaire de la langue du XIXe et du XXe siècle*, Paris, Klincksieck, CNRS, Gallimard, 16 vol., 1971-1994.

TABLE DES MATIÈRES

Imprimé en France
Imprimerie des Presses Universitaires de France
73, avenue Ronsard, 41100 Vendôme
Juin 1997 — N° 44 245